ARMANDO 1952
2005 ARMANDO

Waanders Uitgevers, Zwolle
Cobra Museum voor Moderne Kunst Amstelveen

INHOUD CONTENT

VOORWOORD

De schilder, tekenaar, beeldhouwer, dichter/schrijver, filmmaker en musicus Armando is een multi-talent wiens uitzonderlijk rijk geschakeerde oeuvre getuigt van een buitengewoon avontuurlijke geest. Zonder ophouden stelt hij zichzelf voor creatieve uitdagingen. Telkens betreedt hij nieuwe paden die voortbouwen op eerder gebaande wegen. Met een niet aflatende 'tour de force' geeft hij zich over aan zijn drang expressie te geven aan zijn visie op de wereld en beleving van de werkelijkheid.

Dit vermogen zich te blijven vernieuwen en voortdurend adembenemende artistieke hoogtepunten te bereiken, is historisch gezien voor slechts weinig kunstenaars weggelegd. Aan de imponerende visuele kracht van zijn werk is in de afgelopen periode zelfs een nieuwe dimensie toegevoegd.

De tentoonstelling 'Armando 1952-2005' is ter ere van deze veelzijdige kunstenaar in het Cobra Museum voor Moderne Kunst Amstelveen georganiseerd. Ruim vijftig jaar kunstenaarschap passeert de revue, van speelse vroege tekeningen uit het begin van de jaren vijftig van de vorige eeuw, die overigens kortgeleden zijn verworven door het museum, tot rijpe meesterwerken uit het heden.

Aan de realisatie van deze tentoonstelling hebben velen meegewerkt. In de eerste plaats gaat mijn oprechte dank uit naar Armando en zijn vrouw Tony de Meijere, die bereid waren actief medewerking te verlenen door onder meer talrijke werken uit hun bezit beschikbaar te stellen.

Tony de Meijere, die zich jarenlang onnavolgbaar heeft ingezet voor het in kaart brengen van het werk van Armando, heeft ons onvermoeibaar bijgestaan bij het verzamelen en controleren van informatie.

Voorts ben ik Jan Hein Sassen als gastconservator van de tentoonstelling en auteur van de inleidende tekst in deze uitgave, bijzonder erkentelijk. Als kunsthistorisch geestverwant beschouw ik het wederom als een groot voorrecht en genoegen met hem samen te werken.

FOREWORD

Painter, draughtsman, sculptor, poet/writer, filmmaker and musician Armando is a multi-talented artist whose exceptional and richly variegated work shows an extremely adventurous spirit. He repeatedly takes new paths that continue to build on earlier well-trodden tracks. With relentless 'tour de force' Armando surrenders himself to his urge to give expression to his vision of the world and to the experiencing of reality.

The ability to keep renewing himself and continually achieve breathtaking artistic high points is something, historically speaking, only a few artists have. In recent times a new dimension has even been added to the imposing visual power of his work.

The exhibition 'Armando 1952-2005' has been organised at the Cobra Museum of Modern Art Amstelveen in honour of this versatile artist. Some fifty years of artistic talent are reviewed, ranging from youthful, playful drawings from the early nineteen fifties, which have recently been acquired by the museum, to mature masterworks from the present.

Many people have assisted in the realisation of this exhibition. In the first instance, my heartfelt thanks go to Armando and his wife Tony de Meijere, who were prepared to give their active support by, among others, placing numerous works in their possession at our disposal.

I would also like to thank Tony de Meijere, who has spent many years cataloguing Amando's work with unparalleled commitment, for her tireless assistance in compiling and checking information.

I am also extremely indebted to Jan Hein Sassen, guest curator of the exhibition and writer of the introductory text to this publication. As an art historical 'kindred spirit', I again consider it an immense privilege and pleasure to have worked together with him.
Then I am also extremely grateful to the Armando Museum in Amersfoort and in particular to its curator Yvonne Ploum.

The exhibition would have been impossible without the kind cooperation of several lenders, including many private collectors and galleries. Helga Hofman, from the similar-named gallery in Alphen

Daarnaast ben ik het Armando Museum in Amersfoort en met name de conservator Yvonne Ploum zeer dankbaar voor hun steun.

De tentoonstelling was niet mogelijk geweest zonder de welwillende medewerking van de bruikleengevers, waaronder met name de vele particuliere verzamelaars en galeries. Helga Hofman van de gelijknamige galerie uit Alphen a/d Rijn stond aan de basis van dit project en ik ben haar buitengewoon erkentelijk voor haar onovertroffen support.

Op de medewerkers van het museum is wederom een groot beroep gedaan. Hiervoor ben ik hen veel dank verschuldigd.

Tenslotte bedank ik alle sponsors die de presentatie in de Phanos Zaal van het museum mogelijk hebben gemaakt.

John Vrieze
Directeur

aan de Rijn, was an init ator of this project and I am very grateful for her unwavering support.

I would like to express my gratitude to the staff of the museum, for whom this has involved a great deal of hard work.

Finally, my thanks to all the sponsors who made the presentation in the Phanos Gallery of the museum possible.

John Vrieze
Director

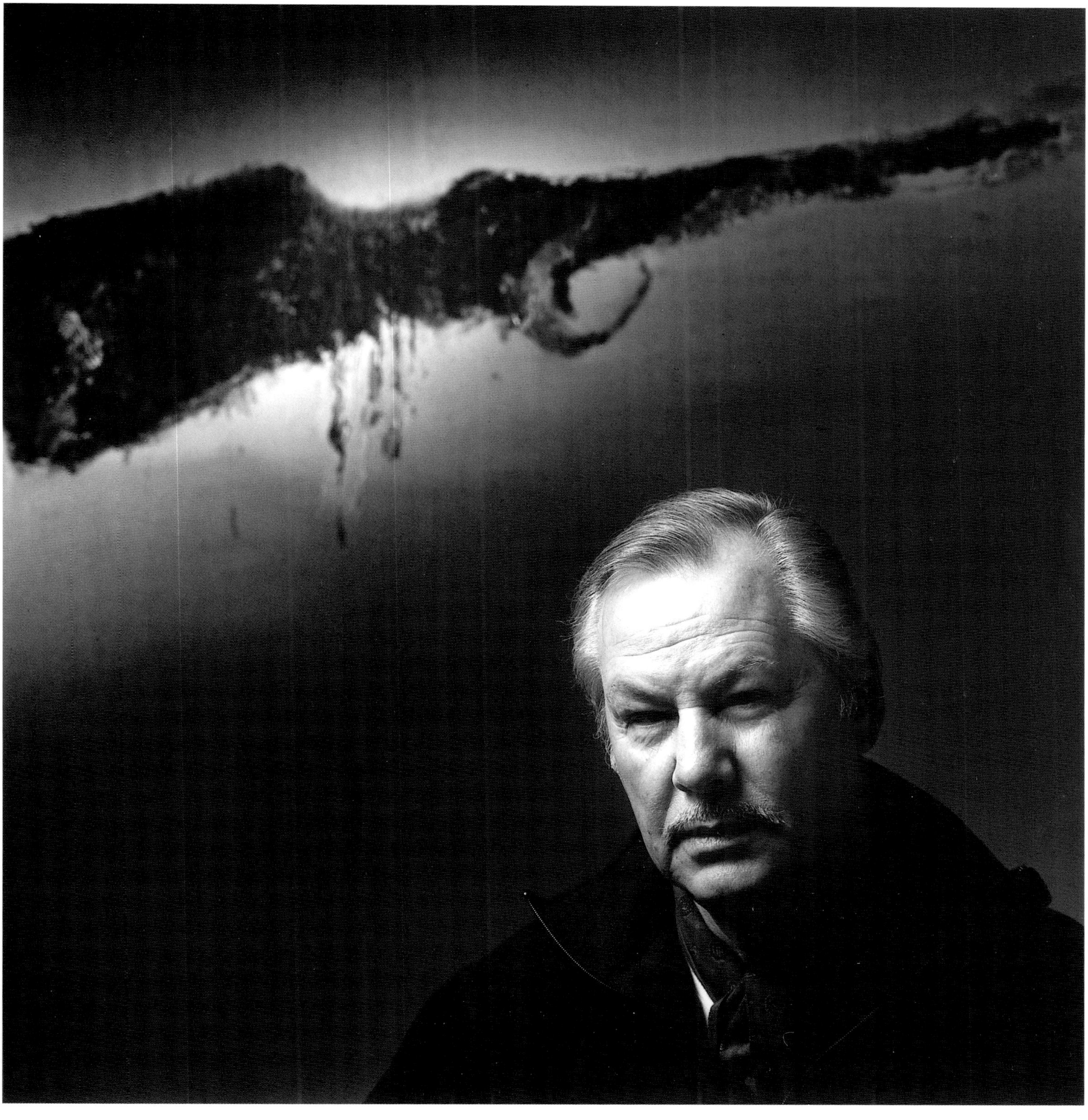

KUNST MAKEN IS NIET LEUK

MAKING ART ISN'T FUN

Jan Hein Sassen

"Vinden ze het wel een beetje mooi", vroeg Armando (1929) in de documentaire die zijn vriend Cherry Duyns in 2005 over hem maakte. Het ging over het schilderij *Homo homini lupus* uit 1956. "Nou jong, ik ben niet mis", voegde hij eraan toe. Armando ten voeten uit. Relativerend en zelfverzekerd tegelijk. *Homo homini lupus* (de mens is de mens een wolf) geeft zijn wereldbeeld uit die tijd goed weer. De kunstenaar die verkoos consequent onder de naam Armando door het leven te gaan begon in 1949 te tekenen en schreef in 1950 in Amsterdam zijn eerste gedicht. Daarvoor had hij vanaf 1945 in diverse swing- en zigeunerorkesten viool gespeeld. "Een veelzijdig man, met een dubbele begaafdheid: de literaire en beeldende begaafdheid. Maar een man die deze twee kanten van zijn persoonlijkheid in zijn werk niet door elkaar haalt", zei Jan Elburg al ter gelegenheid van de eerste tekeningententoonstelling van Armando bij galerie Le Canard in 1954.[1]

Hij woonde van 1935 tot 1950 in Amersfoort en keerde in 1950 terug naar zijn geboortestad Amsterdam. In die tijd was Amsterdam bijna even burgerlijk als de rest van Nederland maar met een kleine kunstzinnige avant-garde. De CoBrA-kunstenaars hadden er zojuist schandalen veroorzaakt, maar ook de weg gewezen naar nieuwe mogelijkheden. Armando behoorde tot de volgende lichting – voorbij het optimistische CoBrA – tot de eerste jonge generatie van na de oorlog, die van de hardboiled roman, pessimistisch en antiburgerlijk. Armando veroorzaakte rumoer met zijn verheerlijking van geweld en agressie, zowel in zijn gedichten als in zijn schilderijen. Als beeldend kunstenaar is hij autodidact (iets wat van dichters nooit gezegd wordt). Zijn eerste schilderijen lijken in hun abstractie meer door de oudere surrealist Piet Ouborg geïnspireerd dan door CoBrA, maar zijn direct al ruiger en heftiger (afb. 2).

De schilderijen die hij in de jaren vijftig maakt zijn stevig opgebouwd, ondoordringbaar. De hand van de kunstenaar is er nauwelijks in te herkennen. De verf lijkt er agressief opgezet te zijn. De overheersende kleuren zijn rood en zwart, af en toe aangevuld met oker en wit. Ook de titels wijzen naar deze anti-esthetische opzet: *Peinture criminelle, Paysage criminel.* Maar het duidelijkst komt deze houding tot uiting in zijn *Têtes noires*, zwarte koppen, het enige herkenbare dat hij schildert: angstaanjagend schreeuwend met een bek vol agressieve tanden, lelijk en existentieel verscheurd. Een criticus schreef over zijn werk: "gevaarlijk misdadige schilderijen, agressief, nihilistisch, elke cultuur honend, ontaarde kunst, waarmee eens goed afgerekend dient te worden".[2]

In de latere jaren vijftig schildert Armando steeds vaker monochrome werken, aanvankelijk alleen in rood, uiteindelijk

'Do you think they like it?' Armando asked (1929) in the documentary made by his friend Cherry Duyns in 2005. He was talking about the painting *Homo homini lupus* from 1956. 'I must say I am proud of myself,' he added. That is typical of Armando – questioning but self-assured at the same time. *Homo homini lupus* (Man is Wolf to Man) is an accurate reflection of his philosophy at the time. The artist who adopted the pseudonym Armando began drawing in 1949 and wrote his first poetry in 1950 in Amsterdam. Before that, from 1945, he played the violin in various swing and gypsy orchestras. 'He is a versatile man with a double talent – literary as well as visual – but he doesn't confuse those aspects of his personality in his work,' remarked Jan Elburg on the occasion of the first exhibition of Armando's drawings at the Galerie Le Canard in 1954.[1]

Armando lived in Amersfoort between 1935 and 1950 before returning to his birthplace, Amsterdam. At that time, Amsterdam was almost as bourgeois as the rest of The Netherlands, with only a small artistic avant-garde community. The work of the CoBrA artists had recently caused scandals, but was also paving the way for artistic renewal. Armando belonged to the generation that succeeded the optimistic CoBrA artists, namely the first young post-war generation; that of the hardboiled novel. They were pessimistic and anti-bourgeois. Armando caused controversy with his glorification of violence and aggression, in his poetry as well as his paintings. In terms of his visual art, Armando was an autodidact (a word that is never used to describe poets). His early drawings tended towards abstraction, and appear to have been inspired by the older surrealist Piet Ouborg rather than by CoBrA, but are clearly rougher and more forceful (Fig. 2).

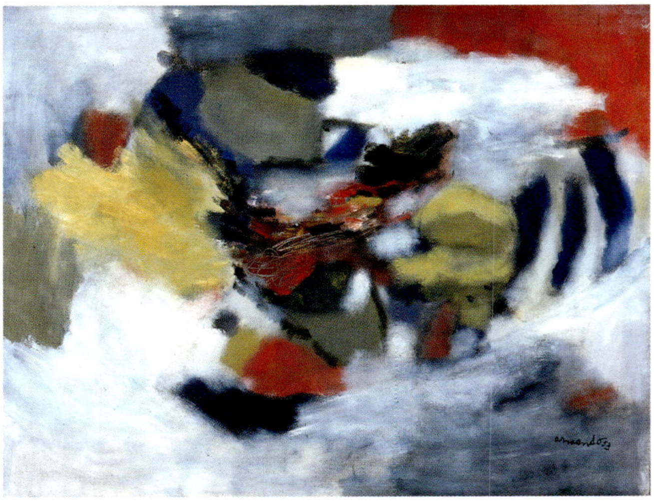

2 **Zonder titel** 1953 [Untitled]

16 **Zwart prikkeldraad op zwart 1/60** 1960
[Black Barbed Wire on Black]

geheel zwart: de *Espaces criminels.* Hij behoorde daarmee tot een internationale trend die Informele kunst genoemd werd. In Nederland leidde dat onder invloed van Armando tot de oprichting van de Informele Groep in 1959, die bestond uit Armando, Henk Peeters, Jan Henderikse, Jan Schoonhoven en Kees van Bohemen. Vooral bij monde van Armando manifesteerde de groep zich in opschudding veroorzakende advertenties en artikelen, zoals in zijn *Credo I* : "Er moet een nieuwe kunst komen en alles wijst erop dat ze komt. Niet mooi en niet lelijk, niet goed en niet kwaad meer (ze bestaan nog steeds) maar een kunst die geen kunst meer is, maar een gegeven feit als onze schilderijen".[3]

Twee jaar later leidt deze opvatting tot een nog rigoureuzere opstelling ten aanzien van de kunst: de oprichting van de Nul-Groep. Armando: "Voor het eerst in de geschiedenis geeft de kunstenaar geen commentaar op de realiteit, hij interpreteert niet, hij accepteert de realiteit". Op deze Nul-periode terugkijkend zegt hij dat het nieuwe, het radicale en het excentrieke van deze kunstopvatting hem toen het meeste boeide. Bovendien schepte Nul orde, die zich voor hem vertaalde in monochrome vlakken, zwart of rood, met horizontaal enige lijnen prikkeldraad of een aantal bouten, of zes zwart of wit gelakte rechthoekige metaalplaten aan elkaar gepopnageld (afbn. 16, 17). Schoonhoven en Henderikse varieerden bijna de rest van hun leven eindeloos met regelmatige vormen (waarmee overigens niets over de kwaliteit van hun werk gezegd is). Henk Peeters maakte na die periode in uiterste consequentie zeer lange tijd niets meer.

The paintings he created in the 1950s are strong compositions, impenetrable. The hand of the artist is almost indistinguishable. The paint appears to have been applied very aggressively. The dominant colours are red and black, with additions of ochre and white. The titles also reflect the artist's anti-aesthetic approach: *Peinture criminel, Paysage criminel.* The clearest manifestation of this is his *Têtes noires* (Black Heads), the only recognisable image that Armando has painted: a terrifying screaming mouth, full of aggressive teeth, ugly and in existential torment. One critic wrote about his work: 'Dangerously criminal paintings, aggressive, nihilistic, derisive of every culture, corrupt art, that we should dispense with once and for all'.[2]

Armando's works from the later 1950s are largely monochrome, first red, and later black: the *Espaces criminels.* This placed him among the artists of the international Informal Art movement. In The Netherlands, this led to the formation of the Informele Groep in 1959, which consisted of Armando, Henk Peeters, Jan Henderikse, Jan Schoonhoven and Kees van Bohemen. The group expressed its ideas largely through Armando, in controversial advertisements and articles, in the manner of his *Credo I* : 'We are in need of a new art, and everything is pointing to its arrival. Neither ugly nor beautiful, neither good nor evil (they still exist); art that is no longer art, but a fact, as our paintings are'.[3]

Two years later, this led to an even more rigorous approach to art, and the Nul Groep (Zero Group) was founded. Armando: 'For the first time in history, artists were not commenting on reality or interpreting it, but accepting it'. Looking back on the Nul period, what most appealed to Armando was the new, the radical, and the eccentric. Moreover, Nul created a sense of order, which he interpreted in monochrome planes in black or red, with single horizontal lines of barbed wire or a collection of bolts, or six black or white lacquered rectangular metal plates riveted together (Fig. 16, 17). For virtually the rest of their lives, Schoonhoven and Henderikse produced works that were endless variations on regular forms (this is not a comment on the quality of their work). Henk Peeters, always consistent in the extreme, produced nothing for a very long time after the Nul period.

In Armando's case this was a useful hiatus. The process of formulating the principles of Informal and Zero art had shaped his philosophy of art, but, as a Romantic expressionist, its form did not appeal to him. Art is not accounting. In 1965 he stopped making art.

Fortunately, Armando was also a talented writer. From 1957, in addition to writing for Gard Sivik, he worked as a journalist and later as an art editor for the Haagse Post, where he appointed Verhagen and Sleutelaar and became friends with Cherry Duyns. Together with Sleutelaar he wrote *De SS-ers. Nederlandse vrijwilligers in de Tweede Wereldoorlog* (SS-ers. Dutch Volunteers in the Second World War, 1967). In this book he allowed the subjects to speak for themselves, without expressing any positive or negative views of his own. As he had stated many years before in his *Credo I* for visual art: '..not good, not evil, but a fact...' The

In het geval van Armando leek het een noodzakelijke breuk. Het formuleren van de uitgangspunten van de Informele en Nul kunst waren weliswaar bepalend voor de vorming van zijn ideeën over kunst, maar de vorm leidde voor hem, als romantisch expressionist tot niets. Kunst is geen boekhouden. In 1965 stopt hij met het maken van kunst.

Armando is gelukkig ook een begenadigd schrijver. Naast bijdragen aan het blad Gard Sivik is hij vanaf 1957 journalist en later chef kunstredactie bij de Haagse Post, waar hij Verhagen en Sleutelaar aantrekt en bevriend raakt met Cherry Duyns. Met Sleutelaar schrijft hij *De SS-ers. Nederlandse vrijwilligers in de Tweede Wereldoorlog* (1967). In dit boek laat hij hen aan het woord zonder een oordeel uit te spreken, negatief noch positief. Zoals hij het jaren daarvoor in zijn *Credo I* formuleerde voor de beeldende kunst: "...niet goed, niet kwaad, maar een gegeven feit...". Het boek veroorzaakte grote ophef in een land waar alles wat met de oorlog te maken had nog steeds strikt in termen van goed en fout beoordeeld werd.

Zijn fascinatie voor de oorlog was ontstaan in zijn woonplaats Amersfoort waar de Duitsers in 1941 in de bossen het beruchte Kamp Amersfoort hadden gebouwd. De geheimzinnige gebeurtenissen die zich rond het kamp afspeelden en de reacties van zijn omgeving op de bezetter en de gevangenen maakten diepe indruk op hem, vooral omdat alles plaats vond in de tijd dat hij volwassen werd. Deze situatie riep vragen op en moet zijn vertrouwen in de mensheid, in wat goed en wat kwaad is, al op de proef hebben gesteld. Het boek *De straat en het struikgewas* (1988) beschrijft deze periode prachtig.

Begin jaren zeventig wordt Armando vooral bekend met zijn optreden in de televisieserie *Herenleed*. Hierin voert hij samen met Cherry Duyns absurdistische dialogen in een mengsel van modern en archaïsch taalgebruik vol weemoed, melancholie en onderhuidse humor, waarin de relatie tussen

18 **De onbekende soldaat** 1974 [The Unknown Soldier]

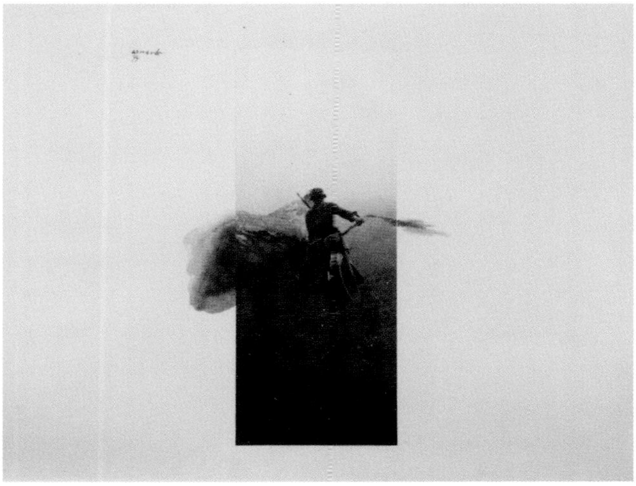

book caused a furore in The Netherlands, where anything to do with the war was judged in terms of right and wrong.

His fascination with the war began in his hometown of Amersfoort, where the Germans built the notorious Camp Amersfoort in the woods in 1941. The unexplained activities that took place at the camp, and the way in which the people around him reacted to the occupying forces and the prisoners, made a lasting impression on him, particularly since these events occurred during his formative years. The situation led him to question what was happening around him and tested his faith in humanity, in right and wrong. The book *De straat en het struikgewas* (The Street and the Shrubbery, 1988) is a perceptive description of this period.

In the early 1970s, Armando was best known for his role in the television series *Herenleed* (Gentlemen's Grief), a succession of absurdist dialogues performed with Cherry Duyns, in a mixture of modern and archaic language; wistful, melancholic and tinged with subtle humour. The dialogues explored the relationship between the underling (Armando) and his superior (Duyns). At around this time, Armando took up drawing again, and later he also began to paint again. In thematic terms, his work during this period was strongly related to what took place at Camp Amersfoort. Initially he experimented with a combination of drawings and photographs, as in *De onbekende soldaat* (The Unknown Soldier) and *De plek* (The Place) (Fig. 18, 19). But painting soon took over. The works from this period are expressive, in vivid black and white, with titles such as *Op weg naar de plek* (On the Way to The Place) and *De vijand tegemoet* (Facing the Enemy).

In 1980, the *DAAD* (*Deutscher Akademischer Austauschdienst*) invited Armando to spend a year working in Berlin. He stayed there for more than twenty years, observing his country's former enemy in his own biotope. This resulted in an impressive series of paintings and drawings, which from then on were given German titles.

Looking back on the 1970s, Armando's work went against the predominant international philosophies of art: conceptual art, body art, and fundamental art. With his strongly subject-oriented and expressive art, Armando was following a path that was not generally recognised or appreciated until the 1980s with exhibitions of work by young German and Italian artists, and *Die Mühlheimer Freiheit*. Interestingly, in 1970s Germany, there was a group of artists who rejected the predominant – largely American influenced – views of art, and continued to paint in an expressionist style. The group included artists such as Baselitz, Penck, Lüpertz, Immendorff and Kiefer. Here it is interesting to compare Immendorff and Kiefer with Armando. The Third Reich and German history are the most important subjects for the former two artists, a generation younger than Armando. As children of the aggressors, they were thoroughly familiar with the subjects. They were of the generation formed by the *Vergangenheitsbewältigung*, which asked critical questions about the Nazi era and Germany's past. They chose an expressive and more realistic style of painting to express their ideas. Armando followed a similar path. Significantly, it was during his time in Berlin that he began to portray the symbols of the war in increasingly

www.waanders.nl

Waanders Uitgevers
Postbus 1129
8001 BC Zwolle

plak hier
uw postzegel

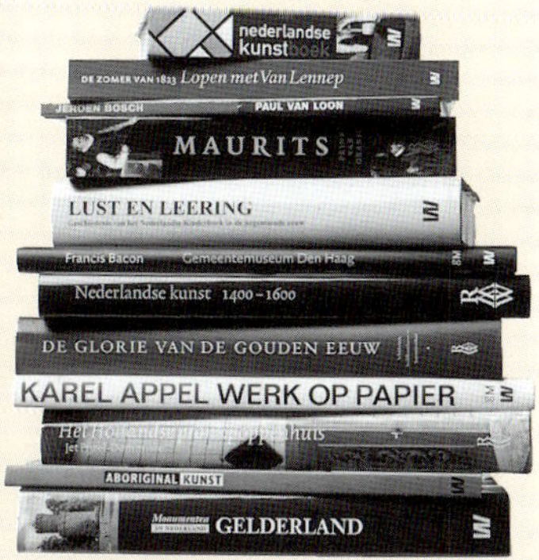
nederlandse kunstboek
DE ZOMER VAN 1833 Lopen met Van Lennep
JEROEN BOSCH
PAUL VAN LOON
MAURITS
LUST EN LEERING
Francis Bacon Gemeentemuseum Den Haag
Nederlandse kunst 1400-1600
DE GLORIE VAN DE GOUDEN EEUW
KAREL APPEL WERK OP PAPIER
ABORIGINAL KUNST
GELDERLAND

de hogergestelde (Duyns) en de ondergeschikte (Armando) centraal staat. Rond deze tijd is hij weer gaan tekenen en later ook schilderen. Thematisch is zijn werk nu sterk gerelateerd aan de gebeurtenissen rond Kamp Amersfoort. Aanvankelijk experimenteert hij met de combinatie van tekening met foto zoals in *De onbekende soldaat* en *De plek* (afbn. 18, 19). Het schilderen krijgt echter alweer snel de overhand. Het zijn expressief geschilderde doeken, enkel in streng zwart en wit, met titels als *Op weg naar de plek* en *De vijand tegemoet.*

In 1980 wordt hij door de *DAAD* (*Deutscher Akademischer Austauschdienst*) uitgenodigd om een jaar in Berlijn te komen werken. Hij blijft er meer dan twintig jaar om er de voormalige vijand in zijn eigen biotoop te observeren. Dat levert een indrukwekkende reeks schilderijen en tekeningen op. Zijn werken krijgen nu Duitstalige titels.

Terugkijkend ging Armando in de jaren zeventig tegen de stroom van de heersende internationale kunstopvattingen in. Conceptuele kunst, body-art, en de fundamentele schilderkunst zetten de toon. Armando bleek met zijn sterk inhoudelijke en expressieve kunst een weg ingeslagen te zijn die pas rond 1980 algemeen zou worden herkend en gewaardeerd door tentoonstellingen als de Jonge Italianen of jonge Duitse schilders en *Die Mühlheimer Freiheit.* Opvallend is dat er juist in Duitsland in de jaren zeventig een aantal kunstenaars was die tegen de gangbare – vooral door de Amerikanen beïnvloede – kunstopvattingen in op een expressionistische wijze bleven schilderen. Ik denk dan aan Baselitz, Penck, Lüpertz, Immendorff en Kiefer. Vooral de vergelijking met de laatste twee kunstenaars is interessant. Voor hen, zij zijn een generatie jonger dan Armando, is het Derde Rijk en de Duitse geschiedenis het belangrijkste onderwerp. Uiteraard, als kinderen van de agressors van binnen uit. Zij zijn van de generatie die gevormd is door de *Vergangenheitsbewältigung,* die kritische vragen stelde over de nazi-tijd en het Duitse verleden. Zij kozen voor een expressieve en realistischer schilderwijze om hun ideeën vorm te geven. Armando doet iets vergelijkbaars: juist in Berlijn begint hij de symbolen van de krijg in steeds herkenbaarder vormen te schilderen. Vaak in series: *Fahne, Das Rad, Der Feldzug, Das Gewehr, Der Turm, Preussisch.* De serie *Feindbeobachtung* is nog abstract, de andere onderwerpen niet meer. Alles is in streng dreigend zwart, wit en grijs geschilderd, met in de Fahnen af en toe een kleine toevoeging van omineus rood. De verf is bijna tastbaar aanwezig, dik opgebracht met grote kwast of de vingers, overigens net als Baselitz en Arnulf Rainer deden: *Fingermalerei.* Armando is geen liefhebber van de kwast.

Een ander onderwerp behelst de topografie van de misdaad. De plek, waar strijd is geleverd en waar onschuldigen vermoord zijn, is getuige geweest, maar blijft stom, verraadt niets, geeft zijn geheim niet prijs en verandert ook niet. In zijn *Schuldige Landschaften, Gefechtsfelder, Waldränder* verbeeldt hij dit fascinerende fenomeen. Wat is goed, wat is kwaad.

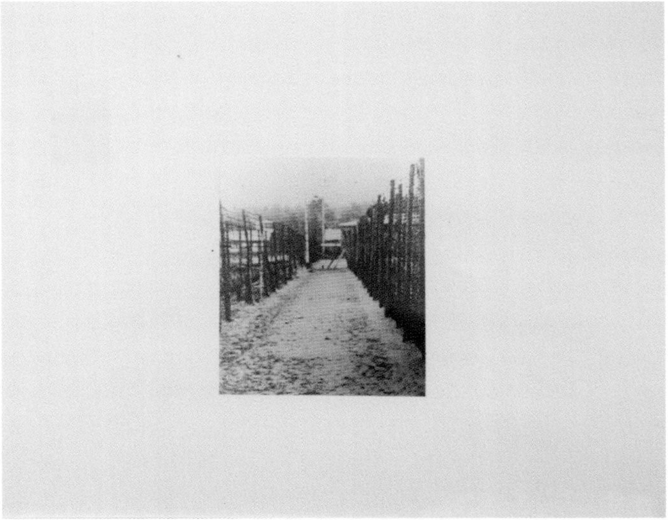

19 **De plek** 1974 [The Place]

recognisable ways, often in series: *Fahne, Das Rad, Der Feldzug, Das Gewehr, Der Turm, Preussisch*. Although the series *Feindbeobachtung* is still abstract, the other subjects are not. Everything is depicted in vivid, menacing black, white and grey, with ominous additions of red in the Fahnen. The presence of the paint is almost tangible, thickly impastoed with a large brush or the fingers, in the style of Baselitz and Arnulf Rainer: *Fingermalerei.* Armando is no fan of the brush.

Another theme in Armando's work is the topography of crime. The location, where struggles take place and innocent people are murdered, has witnessed the crime but remains silent and unchanging, betraying nothing and refusing to yield up its secrets. Armando portrayed this fascinating phenomenon in his *Schuldige Landschaften, Gefechtsfelder, Waldränder.* What is good, what is evil? These paintings are the equivalent of the heroic landscapes that have existed in art for centuries; landscapes in which classical and mythological heroes perform their heroic deeds. Armando's landscapes and woodland scenes are far from idyllic, but are lifted out of their everyday context by the strong and menacing portrayals in black and grey. The heroes in these paintings were *allzu menschlich.*

Armando believes that art and life in itself are meaningless. Underlying this view there is an ability to put human behaviour in context, as well as a sense of melancholy. There was a time, for example in the time of Dürer, when a melancholic disposition was regarded as essential for a good artist, who would immortalise that melancholy in a famous emblematic print. Armando went further than this. He visualised the blackness of existential melancholy in a number of large, sombre paintings, such as the diptych *Melancholie* from 1986 (Fig. 36). At the end of the 1990s he took up this theme again in a series of paintings in which white lines describe a cuboid structure on a black plane. During the same period, he also created a bronze visualisation of melancholy.

Around 1990, the 'allzu menschliche Mensch' appeared as

Deze schilderijen zijn de tegenhangers van het in de kunst al eeuwen bestaande heroïsche landschap, het arcadische ideale landschap waarin de klassieke en mythologische helden hun heldendaden verrichtten. Armando's landschappen en wouden zijn verre van idyllisch, maar uit hun alledaagsheid gehaald door de strenge, dreigende manier van verbeelding, zwart en grijs. De helden die erin verkeerden waren dan ook *allzu menschlich*.

Armando gaat er vanuit dat de kunst en het leven op zichzelf zinloos zijn. Achter deze gedachte gaat bij hem, behalve een grote relativering van het menselijk handelen ook een gevoel van melancholie schuil. Er is ooit een tijd geweest dat een melancholisch karakter als een voorwaarde voor een goede kunstenaar werd beschouwd, zoals in de tijd van Dürer, die haar in een beroemde emblematische prent vereeuwigde. Armando gaat verder. Hij maakt de zwaarte van de existentiële melancholie zichtbaar in een aantal grote sombere schilderijen, zoals het grote tweeluik *Melancholie* uit 1986 (afb. 36). Eind jaren negentig pakt hij het onderwerp weer op in een reeks schilderijen waarin witte lijnen een kubusachtige vorm beschrijven in een zwart vlak. In dezelfde tijd maakt hij dezelfde melancholie drie-dimensionaal zichtbaar in brons.

De 'allzu menschliche Mensch' verschijnt rond negentiennegentig als *Gestalt* en *Kopf*. De koppen doen denken aan zijn *Têtes noires* uit de jaren zestig: door hun formaat nog even dreigend als deze laatste, maar minder agressief, eerder deerniswekkend. In deze schilderijen keert ook weer voorzichtig de kleur terug, vooral rood, maar het duurt nog tot de eeuwwisseling voordat de kleur echt terug is. Dan lijkt hij met een reeks *Landschaften* terug te keren naar zijn *Paysages criminels* met even heftig opgezette doeken, donker aangevuld met rood of blauw. Vooral in de reeks *Damals* (afb. 42) lijkt de

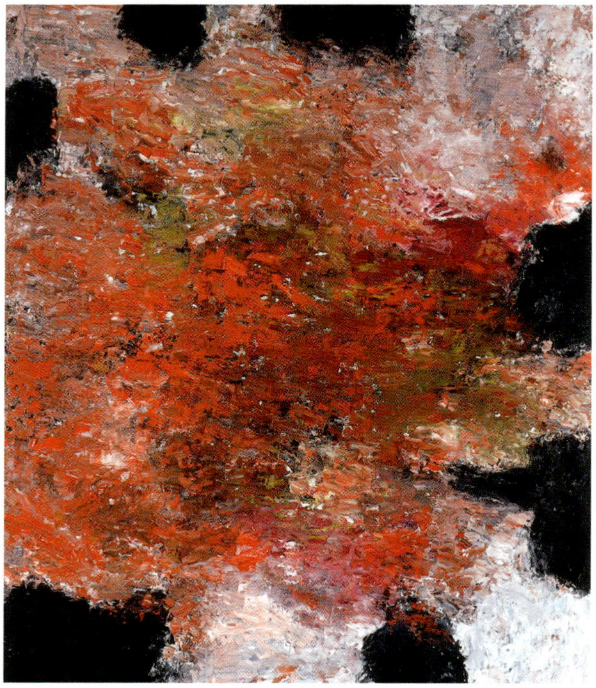

42 **Damals 11-7-97** 1997 [At that time]

Gestalt and *Kopf*. These evoke Armando's *Têtes noires* from the 1960s: they are just as threatening, but less aggressive – even compassionate. Colour, especially red, makes a tentative return in these paintings, but Armando did not add many more colours to his palette until the end of the century, when, with his series *Landschaften*, he seemed to return to the *Paysages criminels* by using thick layers of dark paint, interspersed with red or blue. In the series *Damals* in particular, the dark side of Armando's work

36 **Melancholie 6/7-10-86** 1986 [Melancholy]

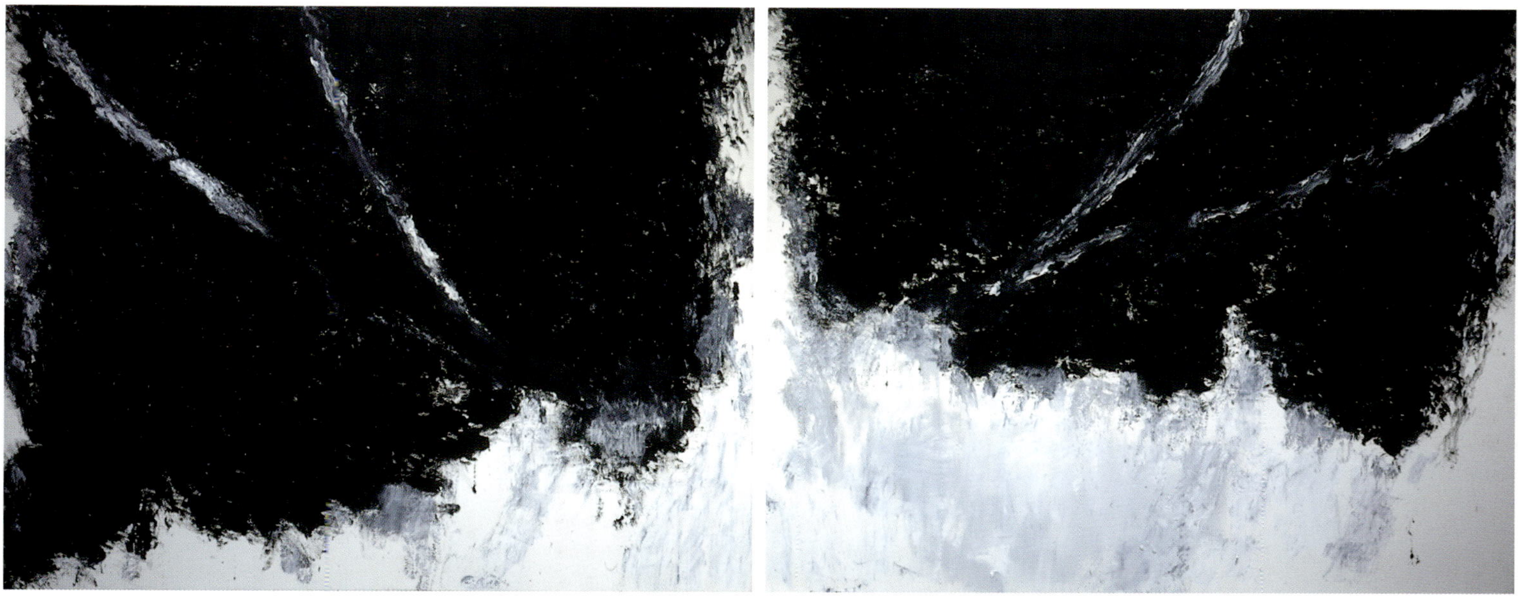

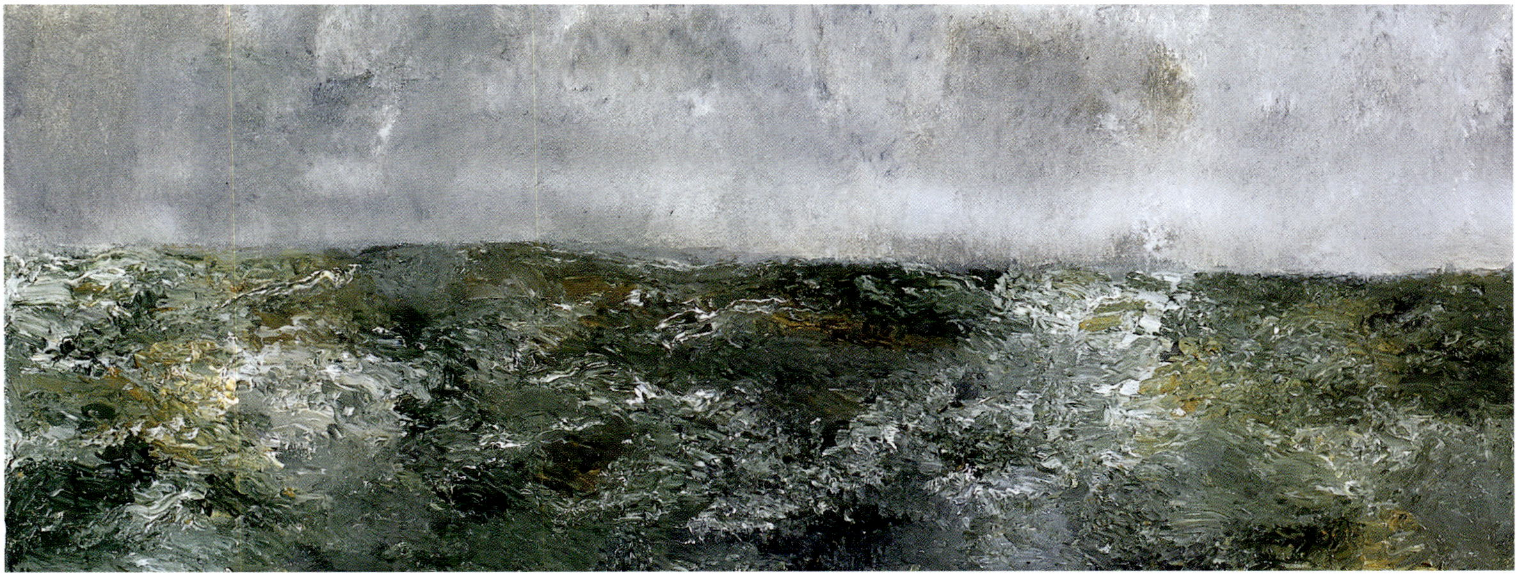

64 **Seestück 1-8-05** 2005 [Seascape]

oude duistere kant in zijn werk terug te keren. Zwart en hels rood zijn deze schilderijen. *Damals* lijkt de laatste afrekening met een voorbij verleden, toen alles nog onbestemd was, nu ver weg, een donkere onheilspellende tijd. Even geen symbolen meer maar alleen nog een diepe melancholie.

Een tijdlang kon hij niet schilderen door een flinke aanslag op zijn gezondheid, maar nu schildert hij weer als een bezetene. Omdat hij moet, vanwege een *Trieb,* zoals hij zelf zegt. Niet meer met zijn vingers in een grote rubberhandschoen gestoken, maar met een dikke kwast. Zijn palet omvat nu alle kleuren, "zelfs groen". Geen *Feindbeobachtungen* meer, maar landschappen en zelfs zeegezichten, in heftige kleuren en met een on-Hollands hoge horizon. De allerlaatste schilderijen zijn nog lichter van kleur en wekken meer associaties op met Tiepolo dan met Corinth. Daarnaast schildert hij horizontale figuren en grote koppen, kwetsbaar en transparant. En reeksen Torso's waarvan een aantal, als compensatie lijkt het, net als de beelden breedgeschouderd in verf geboetseerd zijn, meestal zacht groen.

Tegen Cherry Duyns zei hij: "Het is niet leuk en tamelijk onvrij om ondergeschikt te zijn aan je driften, je *Trieb. Trieb* maakt vlijtig, maar met hele grote tegenzin. Elke dag schilderen, van mezelf moet het. Kunst maken is niet leuk".

1 Jan Elburg, *De dader in drievoud,* in: *Armando. Schilder-schrijver, Uitg.* De Haan, Weesp 1985

2 Elburg, 1985

3 Franck Gribling, *Armando en de romantische traditie*, in: *Armando. Schilder-schrijver*, Uitg. De Haan, Weesp 1985

appears to be re-emerging. These paintings are black and vivid red (Fig. 42). In *Damals,* he appears to be closing the door on a distant past in which everything was still indeterminable, a dark and ominous time. No symbols here, just deep melancholy.

For a time Armando struggled with health problems and was unable to paint, but he has now taken up the brush again with a vengeance. He *must* paint; he *must* obey his *Trieb,* as he himself has said. He no longer paints with rubber-gloved fingers, but with a thick brush. His palette now includes every colour, 'even green'. No more *Feindbeobachtungen*, but landscapes and even seascapes, in strong colours with a very un-Dutch high horizon line. His most recent paintings are even lighter in colour, and are more reminiscent of Tiepolo than Corinth. Armando also paints horizontal figures and large heads; vulnerable and transparent. And series of torsos some of which, apparently by way of compensation and just like his broad-shouldered statues, are sculpted on the canvas, usually in light green.

He once said to Cherry Duyns: 'It is difficult and rather restricting to have to yield to your compulsion, your *Trieb. Trieb* makes you industrious, but very reluctantly. I *have* to paint every day. Making art is no fun'.

1 Jan Elburg, "De dader in drievoud", in: *Armando. Schilder-schrijver*, Uitg. De Haan (Weesp, 1985)

2 Elburg, 1985

3 Franck Gribling, "Armando en de romantische traditie", in: *Armando. Schilder-schrijver*, Uitg. De Haan, (Weesp, 1985)

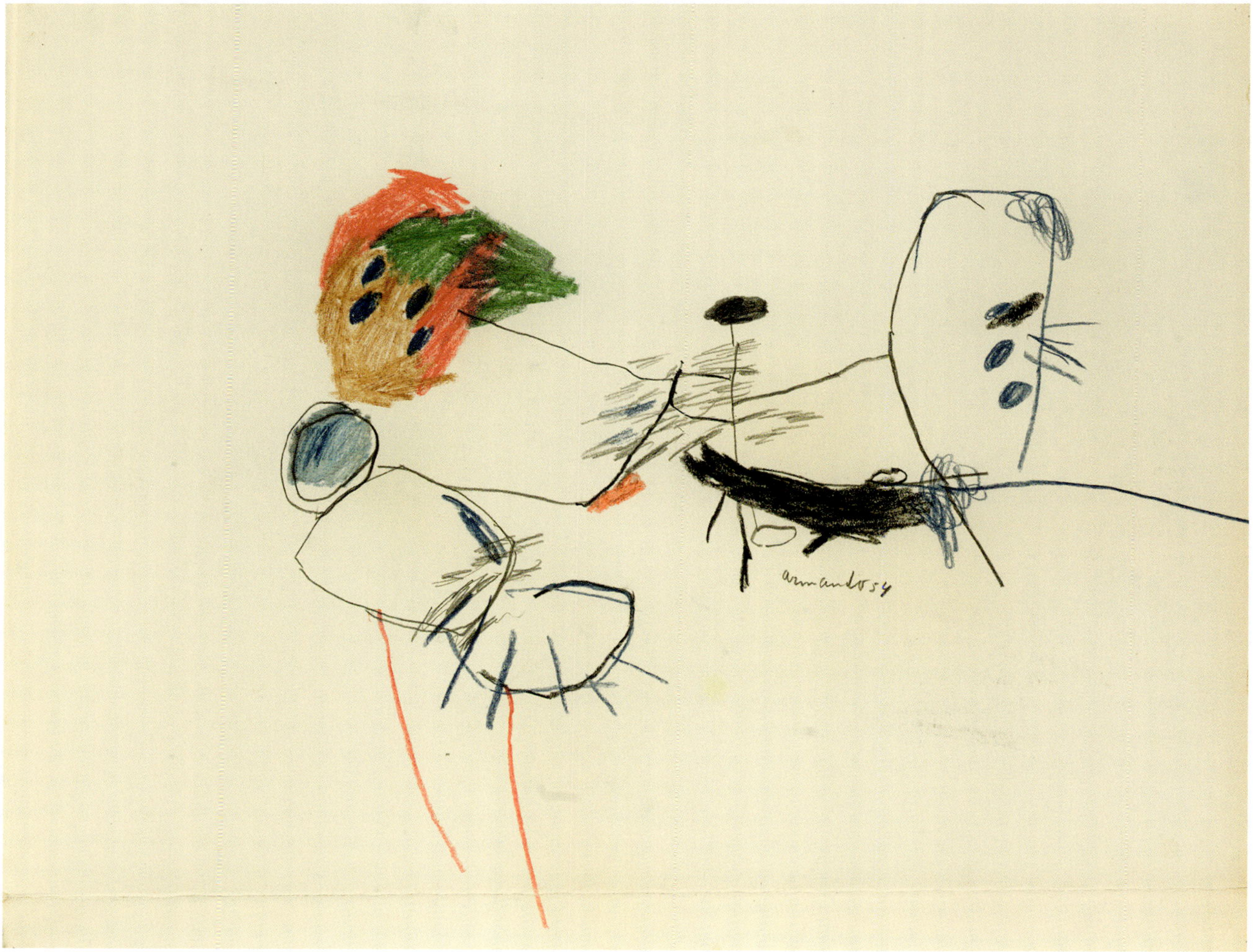

4 **Zonder titel** 1954 [Untitled]

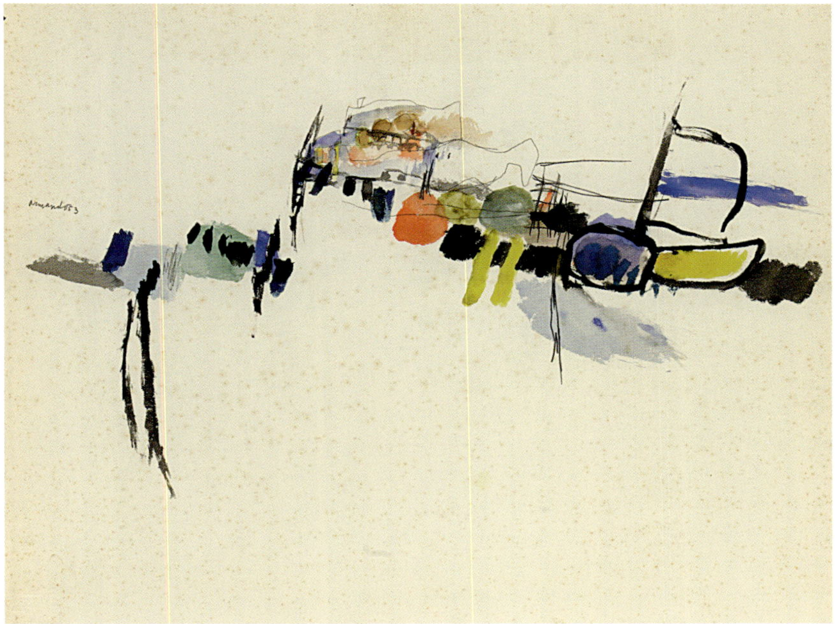

3 **Zonder titel** 1953 [Untitled]

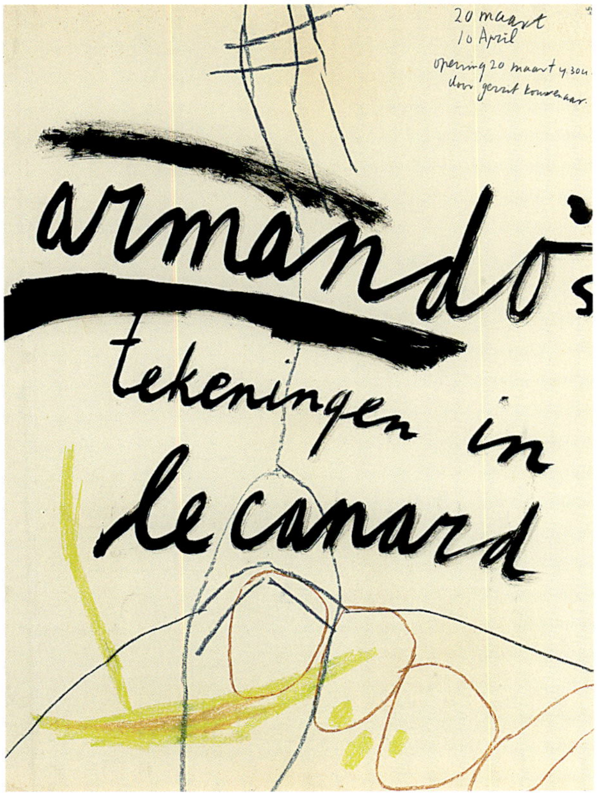

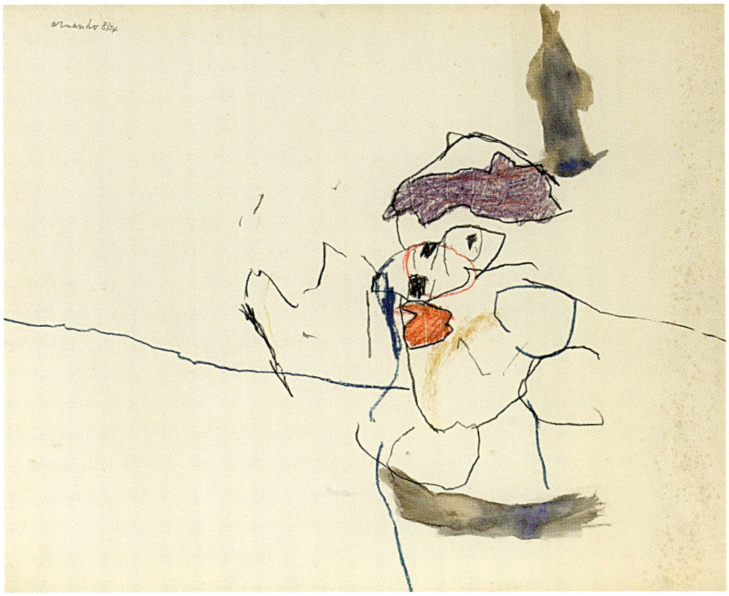

8 **Zonder titel 8/54** 1954 [Untitled]

10 **Armando's tekeningen in Le Canard** 1954
[Armando's drawings at Le Canard]

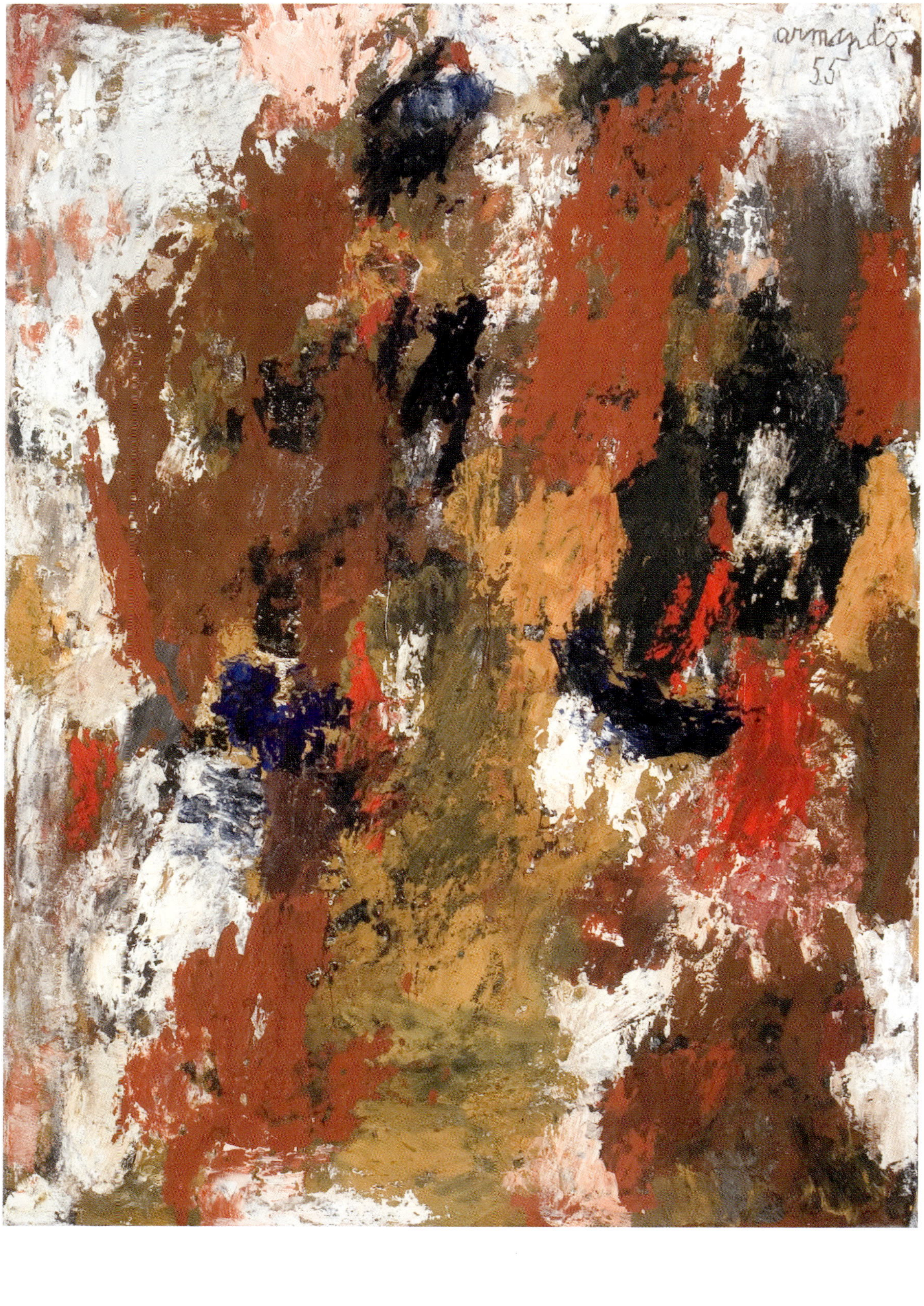

12 **Peinture criminelle 11/55** 1955 [Criminal Painting]

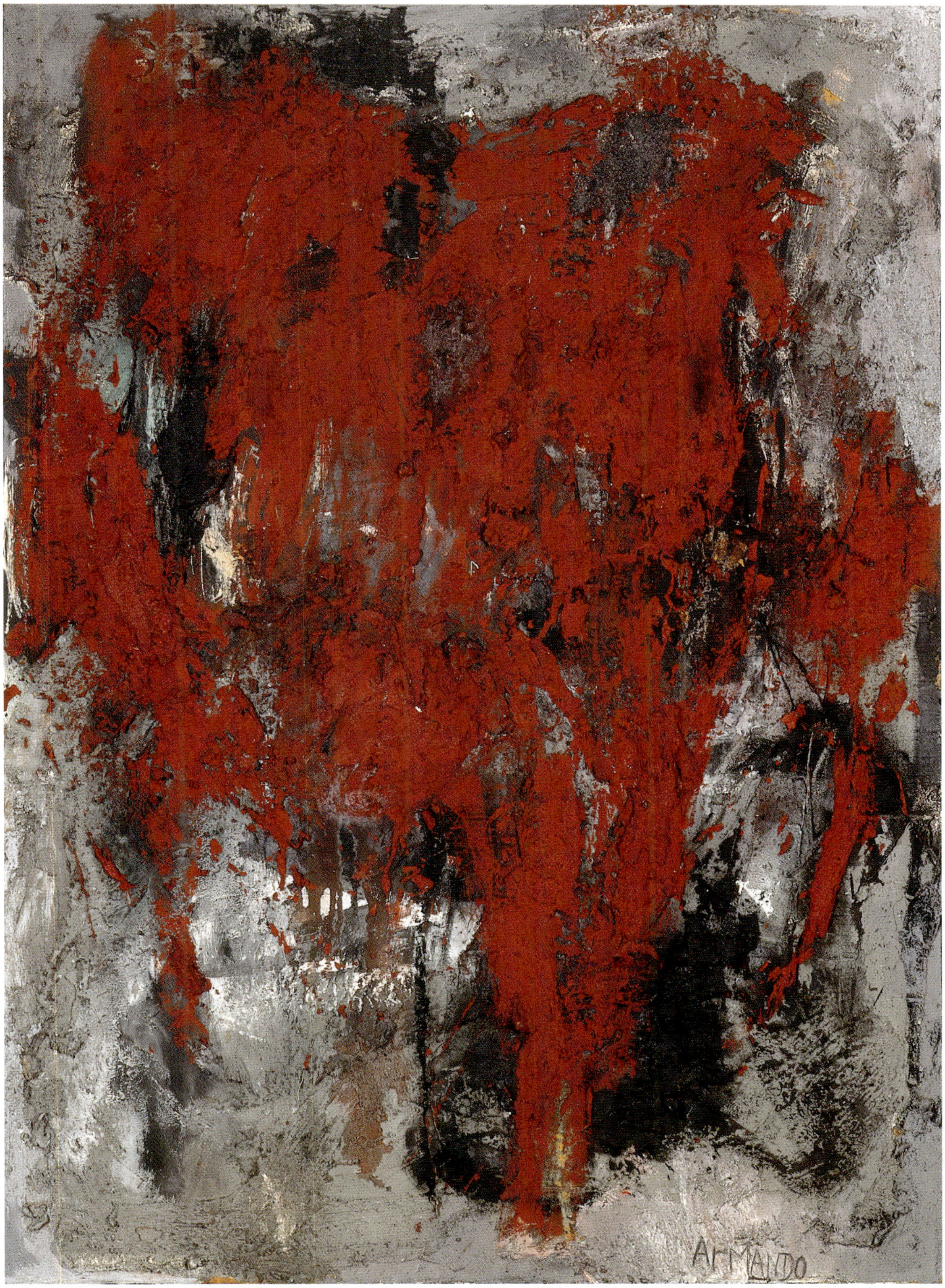

14 **Peinture criminelle 7/56** 1956 [Criminal Painting]

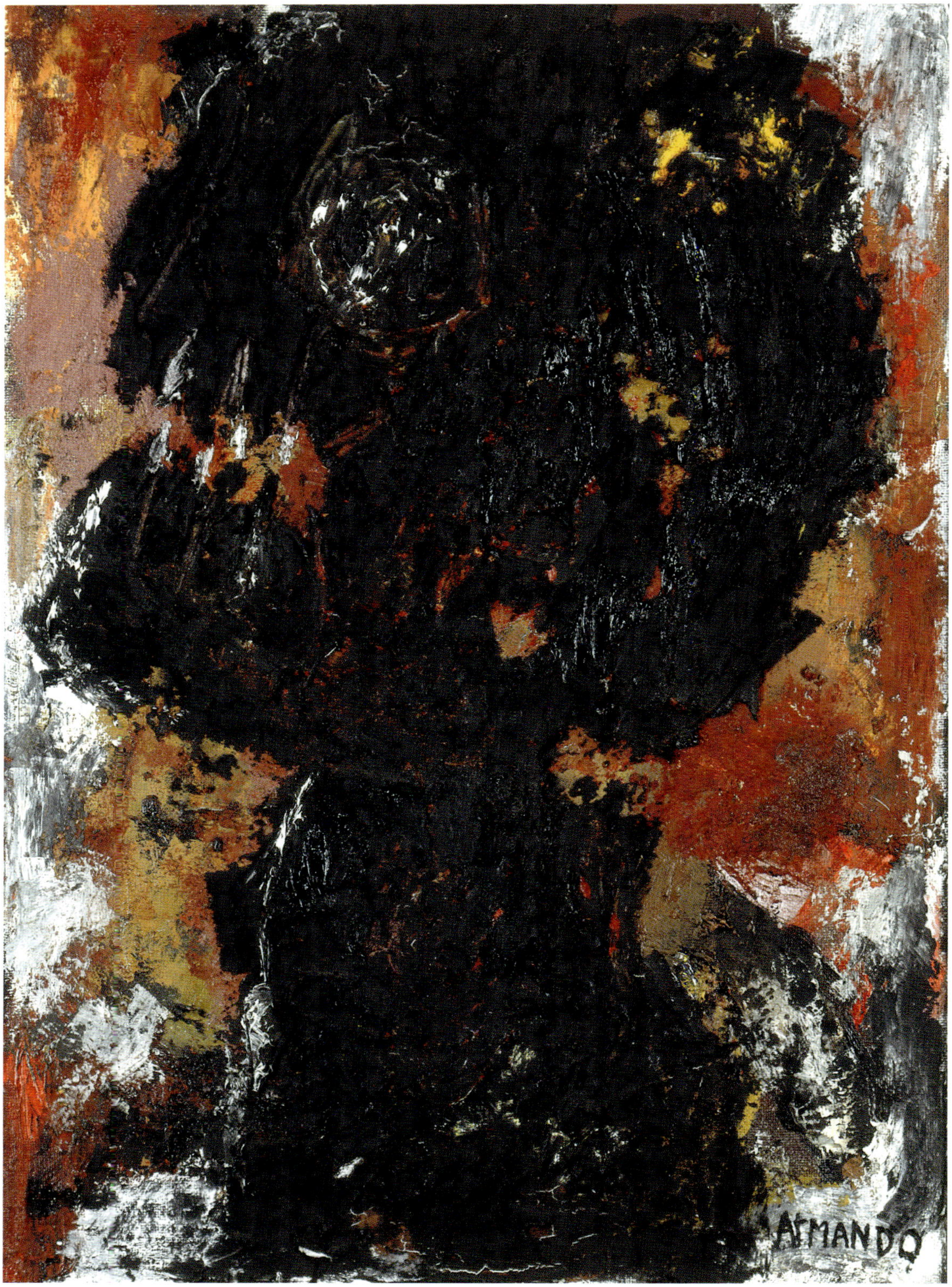

15 **Tête noire II** 1956 [Black Head]

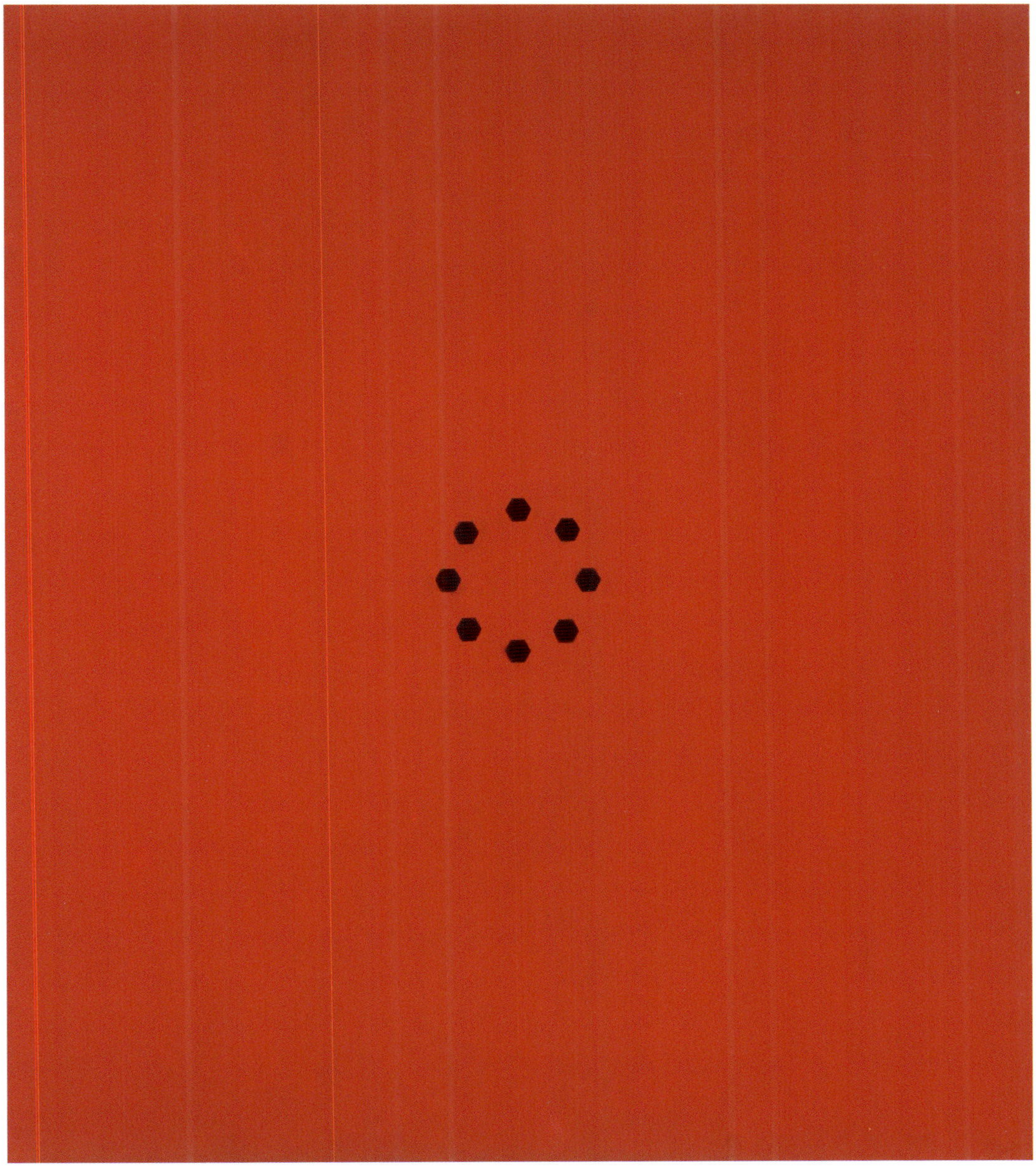

17 **8 zwarte bouten op rood** 1961/63 [8 Black Bolts on Red]

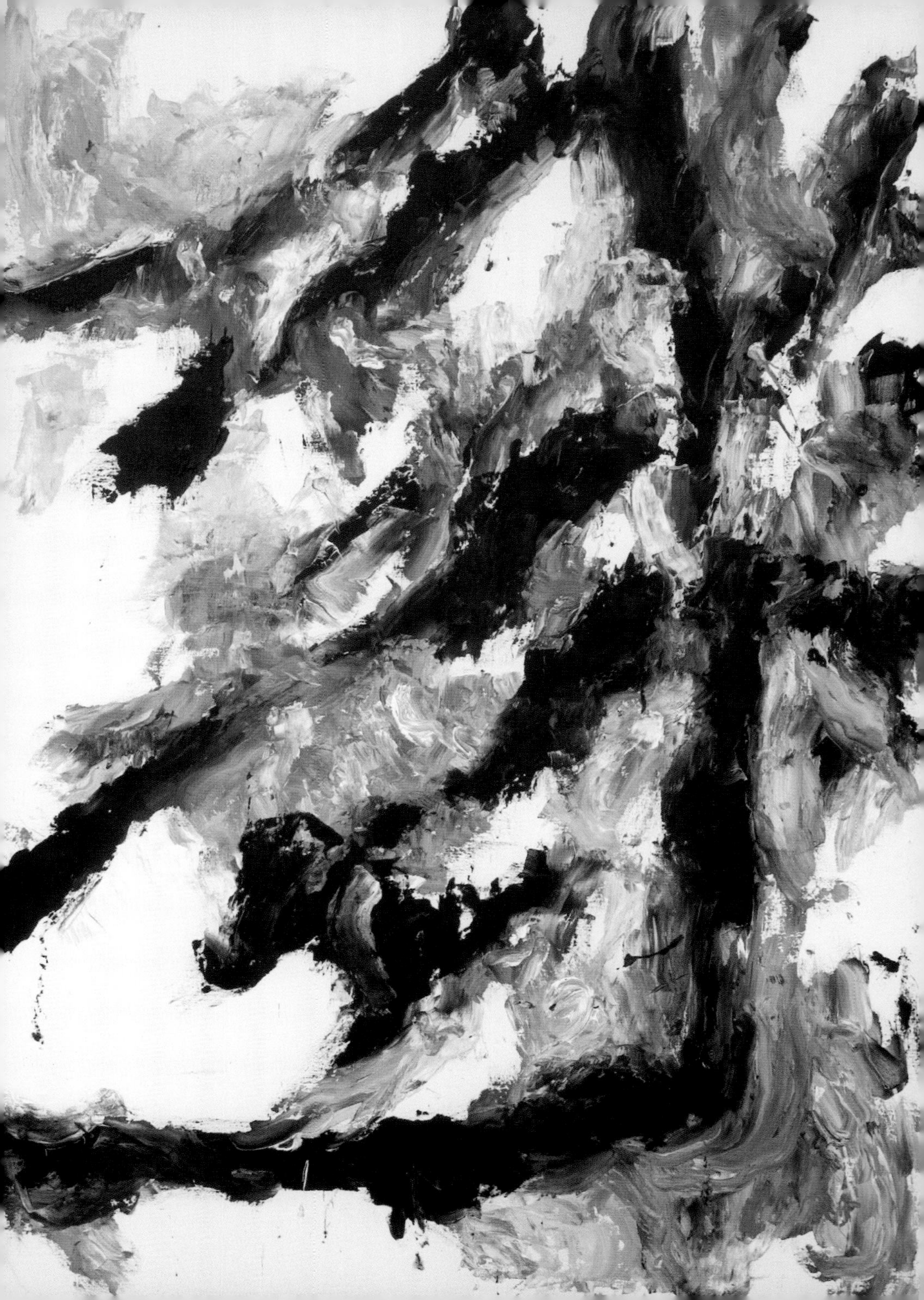

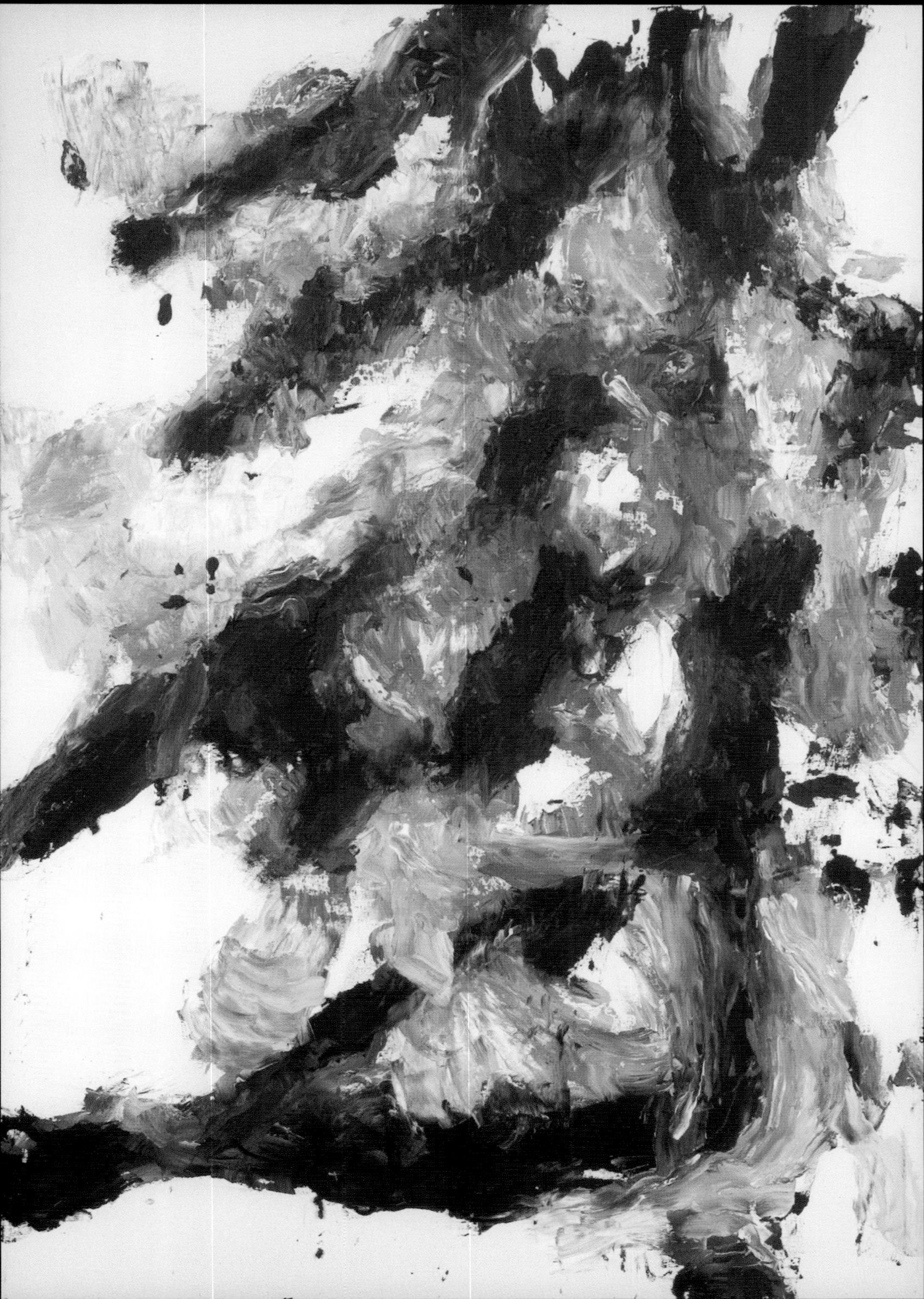

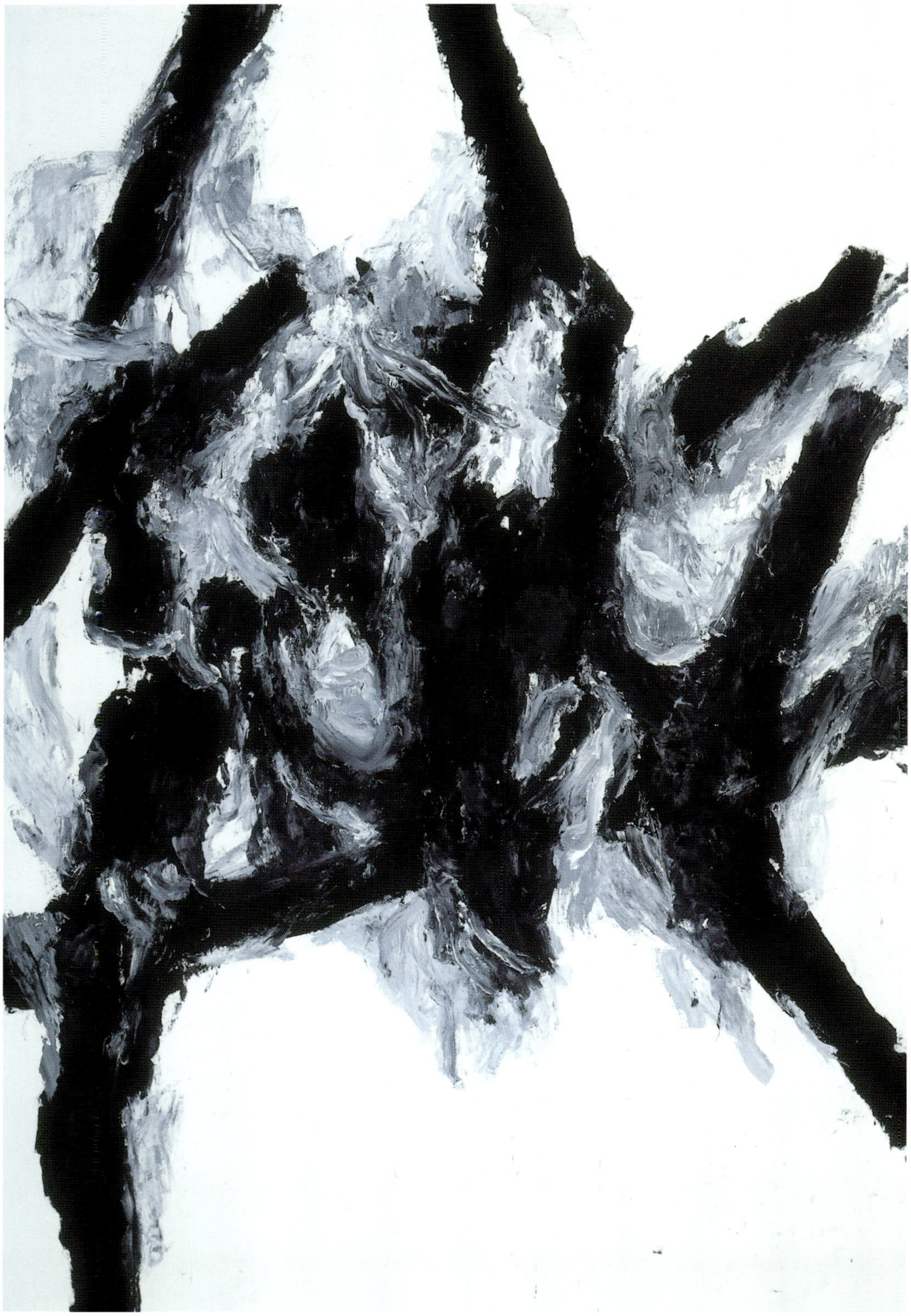

24 **Feindbeobachtung** 1980 [Enemy Observation]

27 **Fahne** 1981 [Flag]

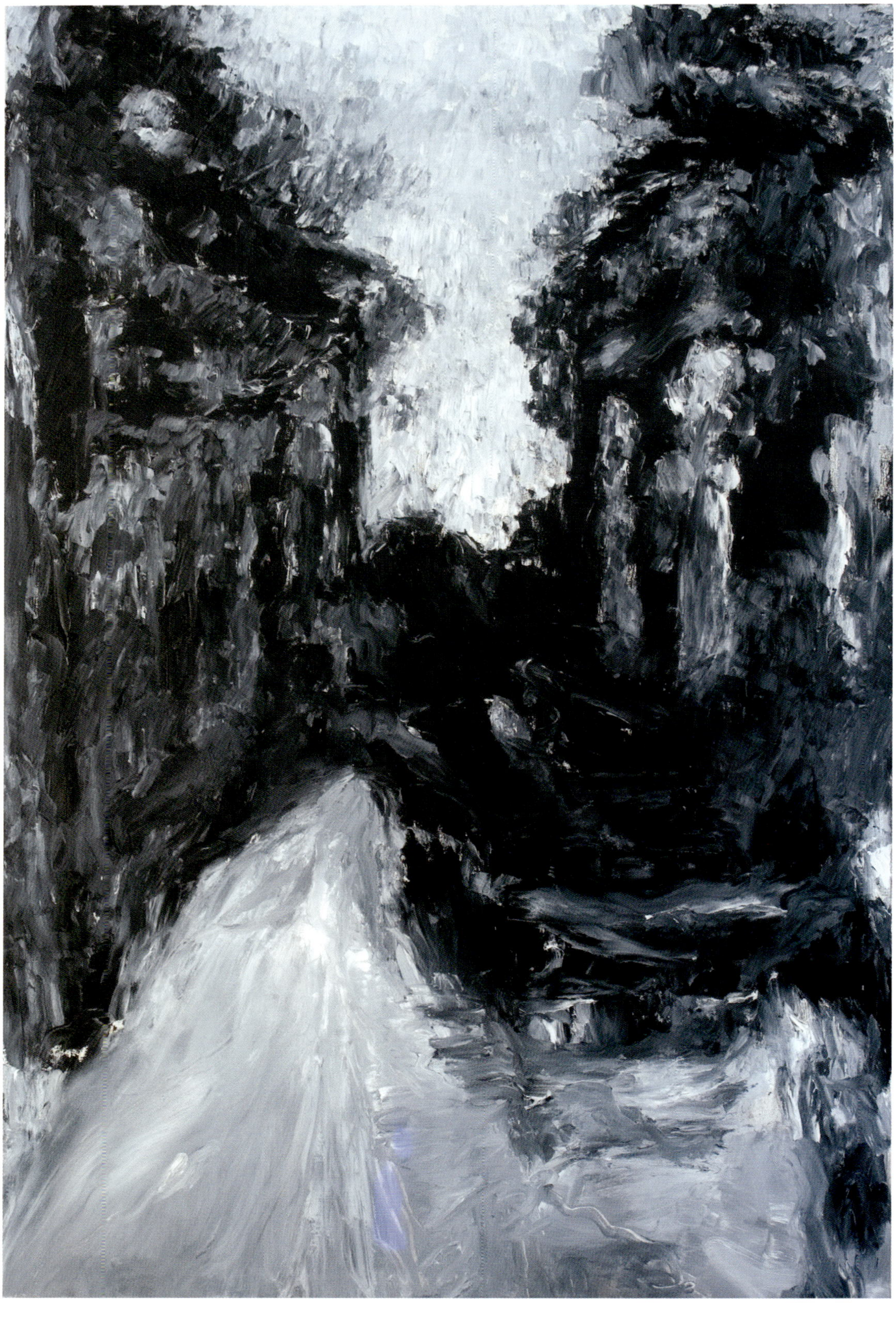

29 **Schuldige Landschaft** 1982 [Guilty Landscape]

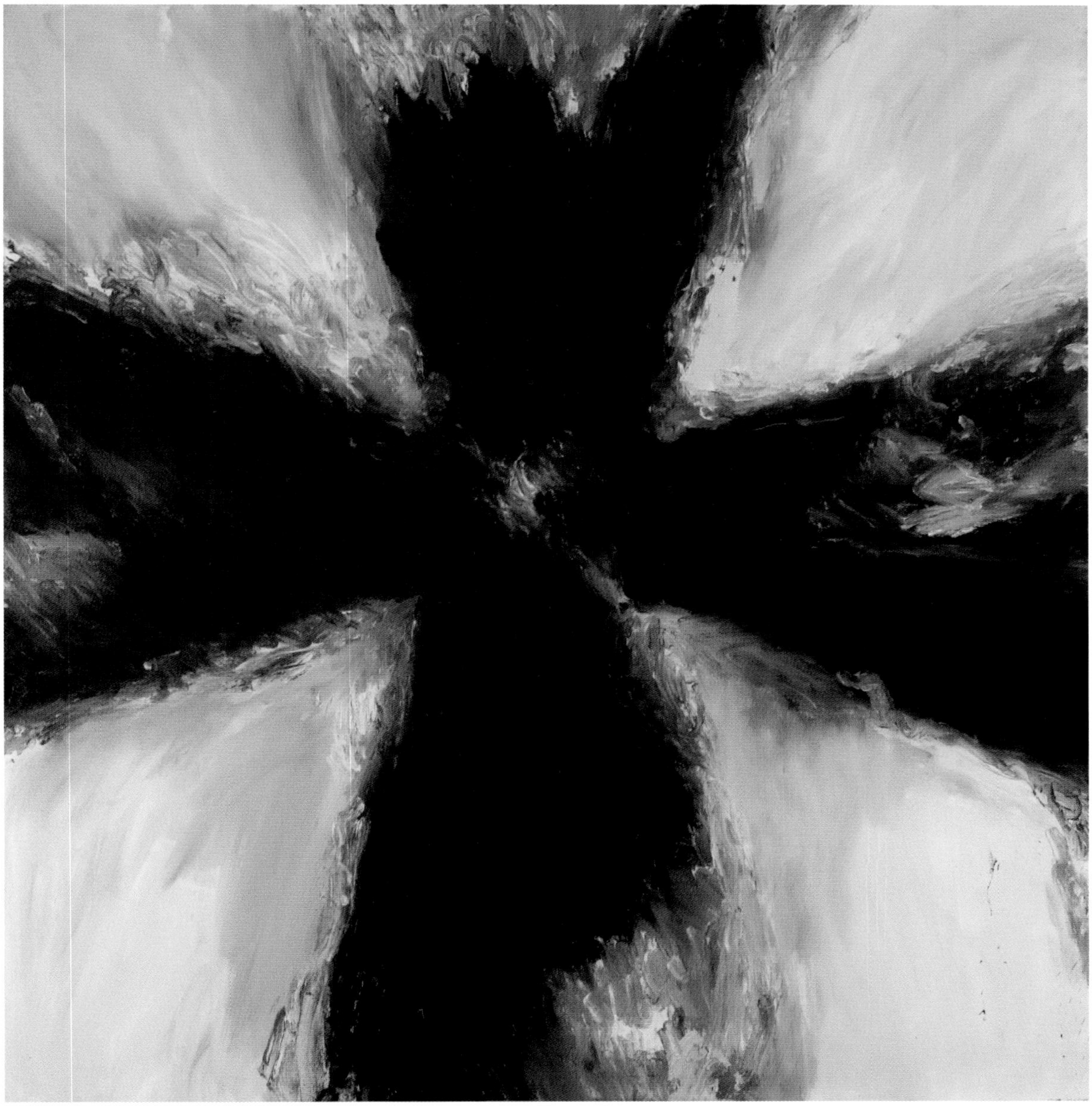

30 **Preussisch 4-1982** [Prussian]

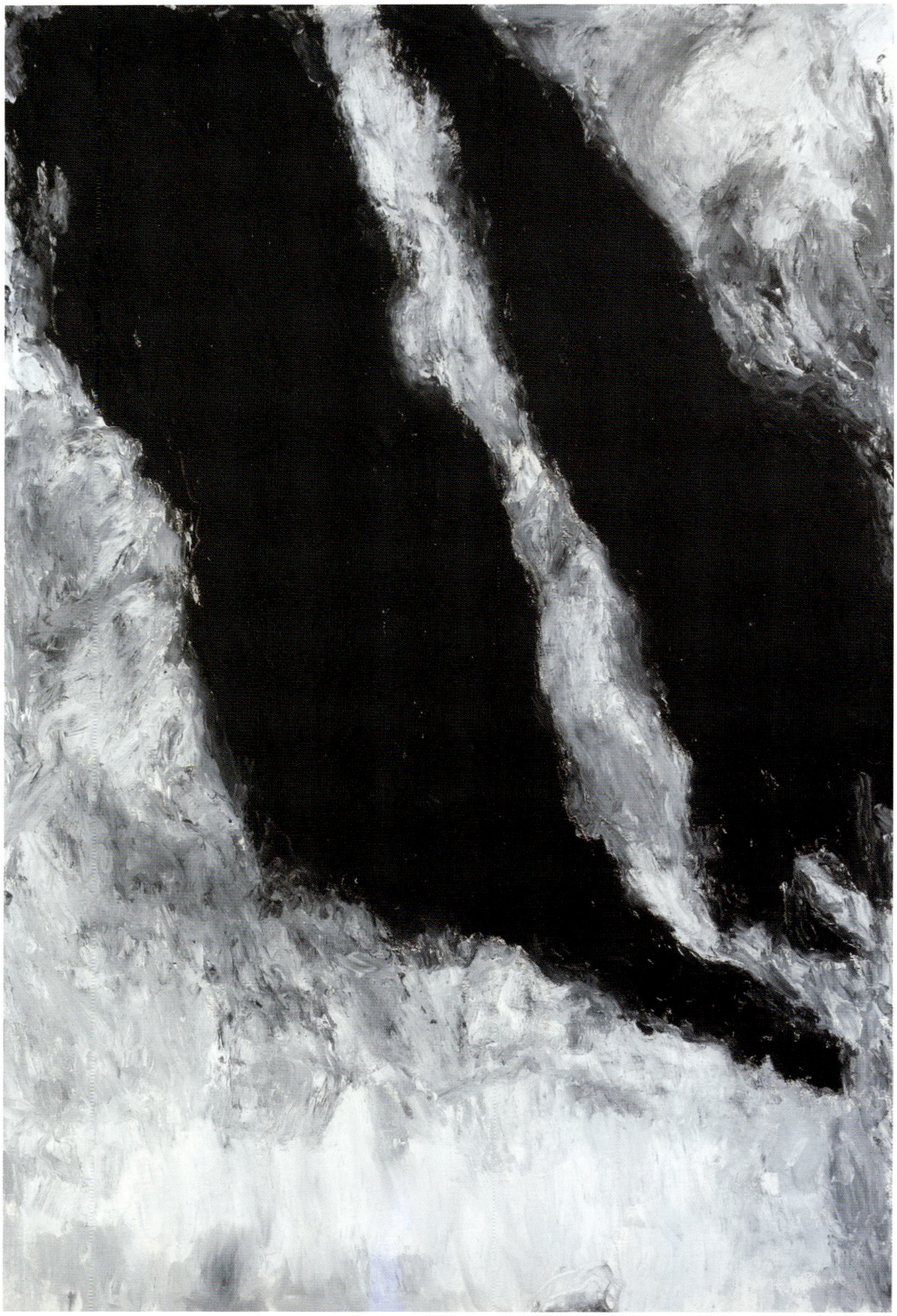

31 **Waldrand 28-3-83** 1983 [Edge of the Forest]

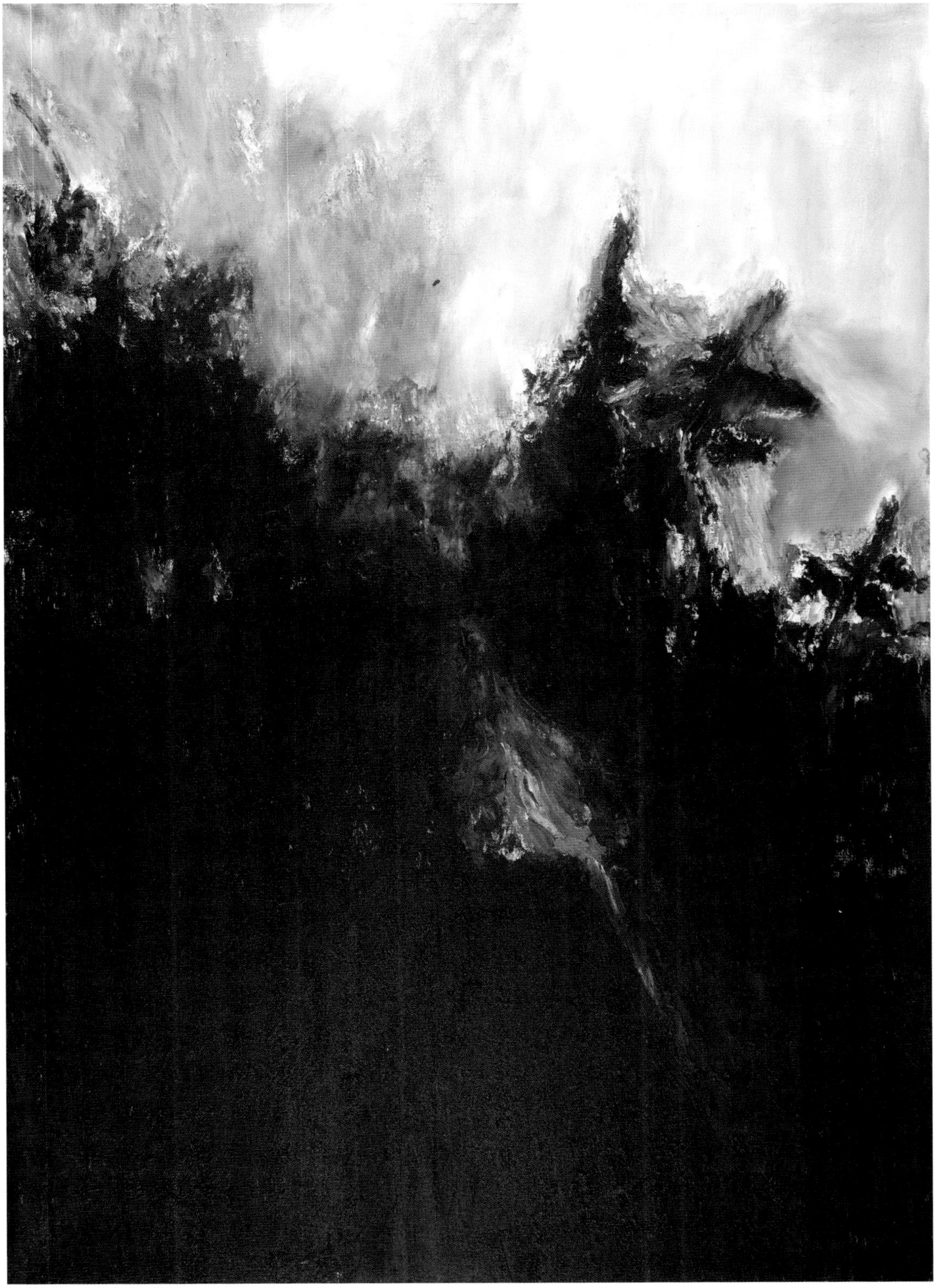

33 **Gefechtsfeld 30-9-84** 1984 [Battlefield]

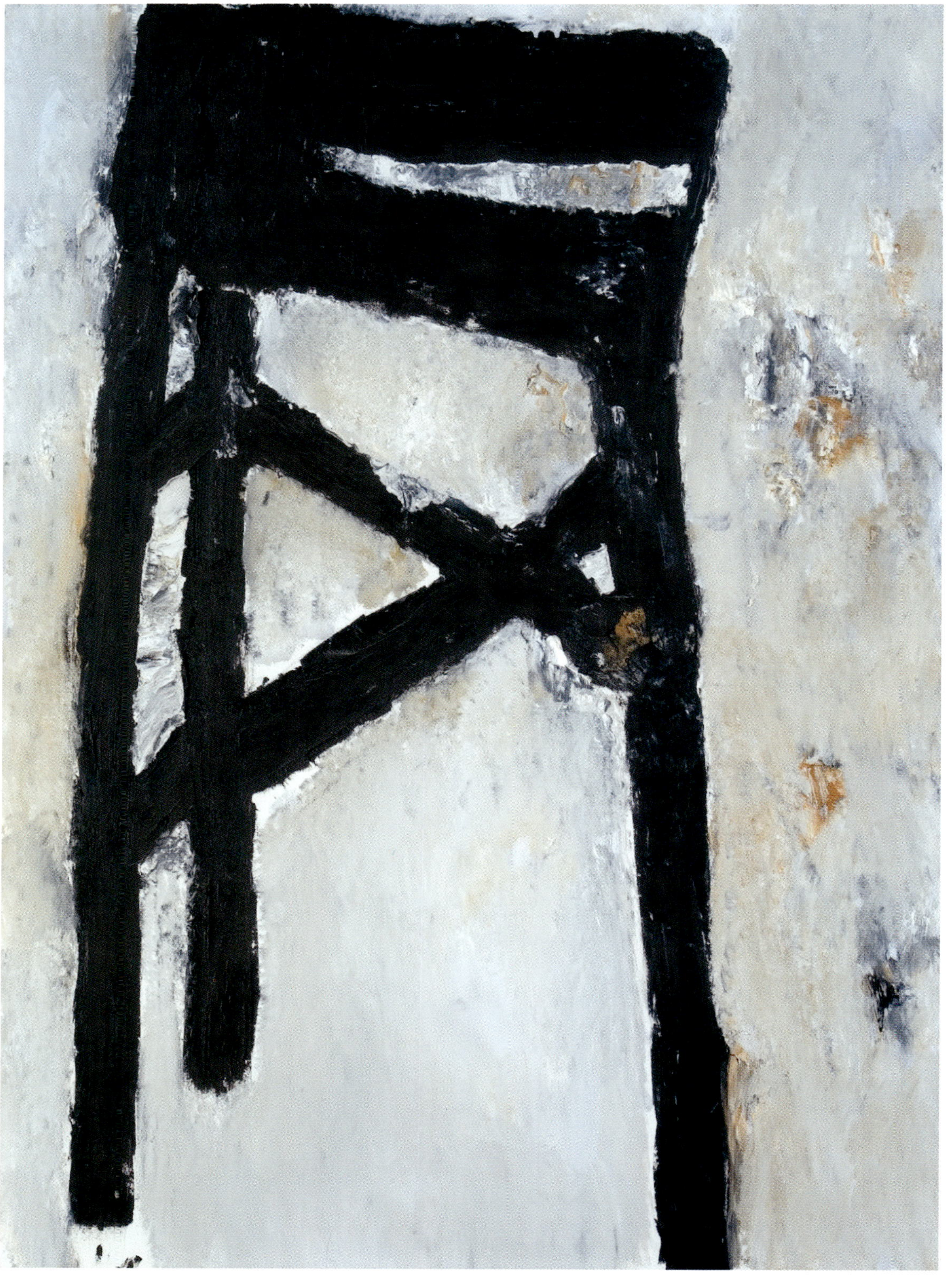

40 **Der Turm 6-7-94** 1994 [The Tower]

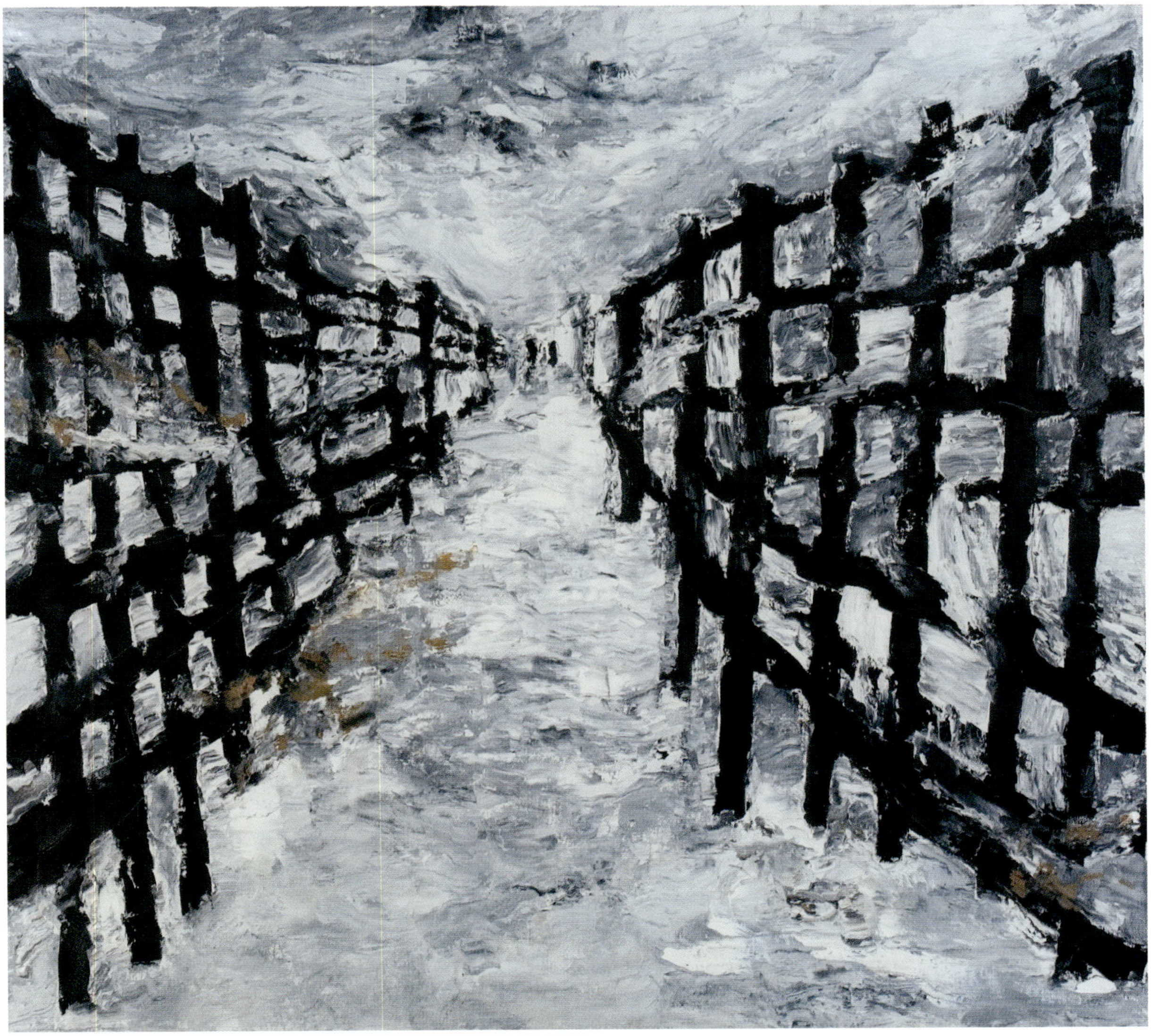

41 **Der Zaun 28-7-94** 1994 [The Fence]

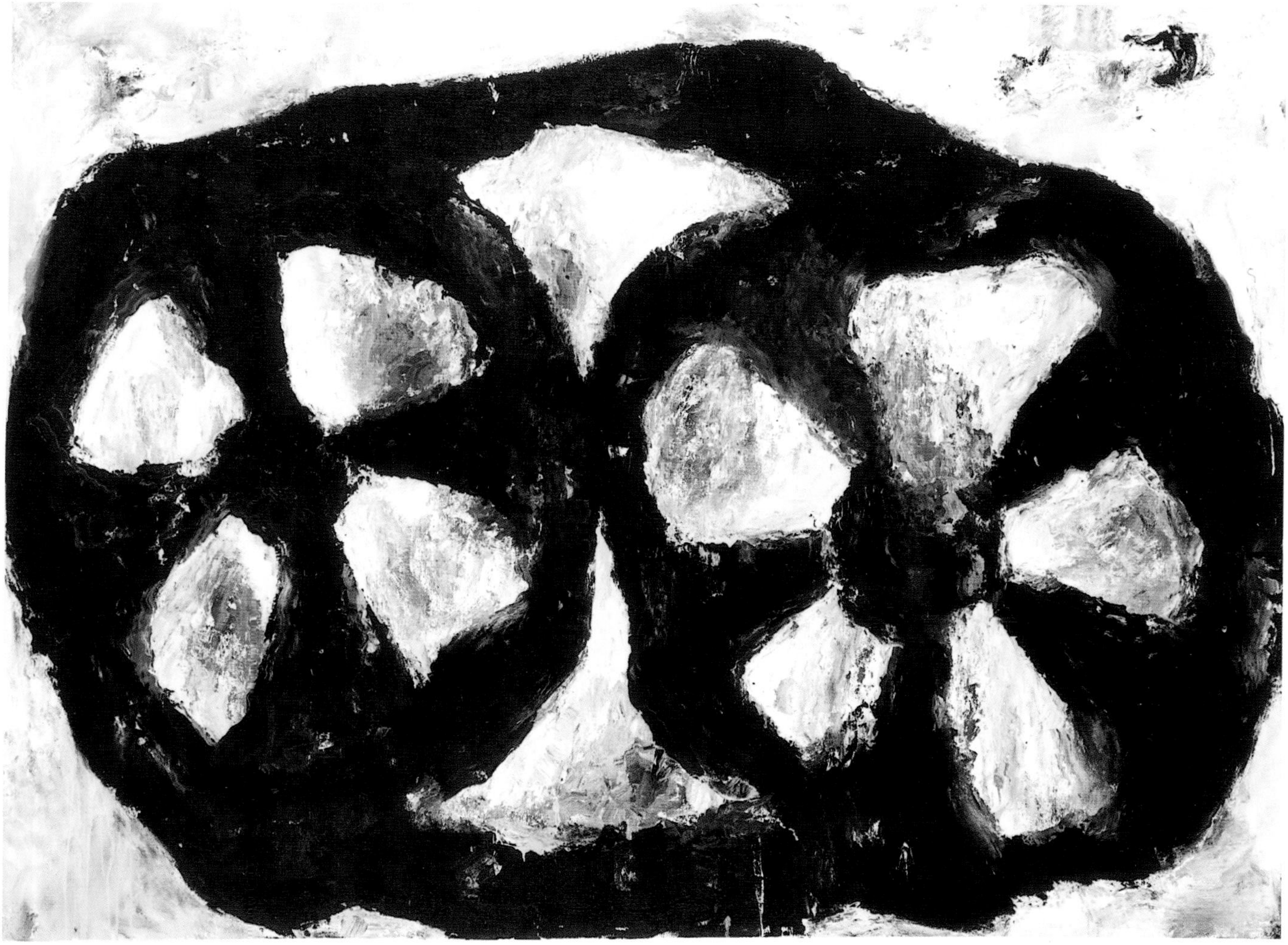

44 **Der Feldzug 18-2-98** 1998 [The Campaign]

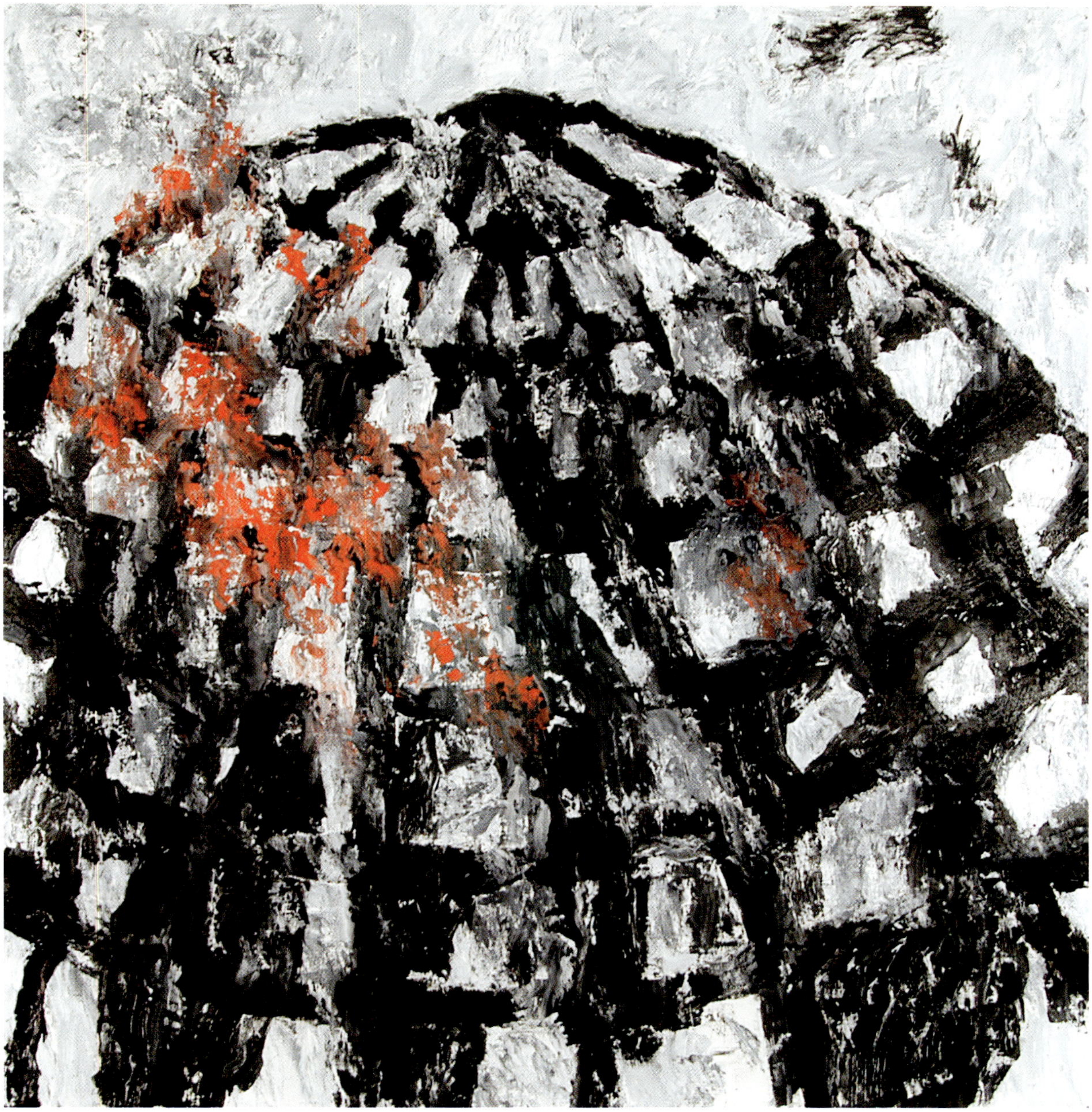

45 **Die Kuppel 26-2-98** 1998 [The Dome]

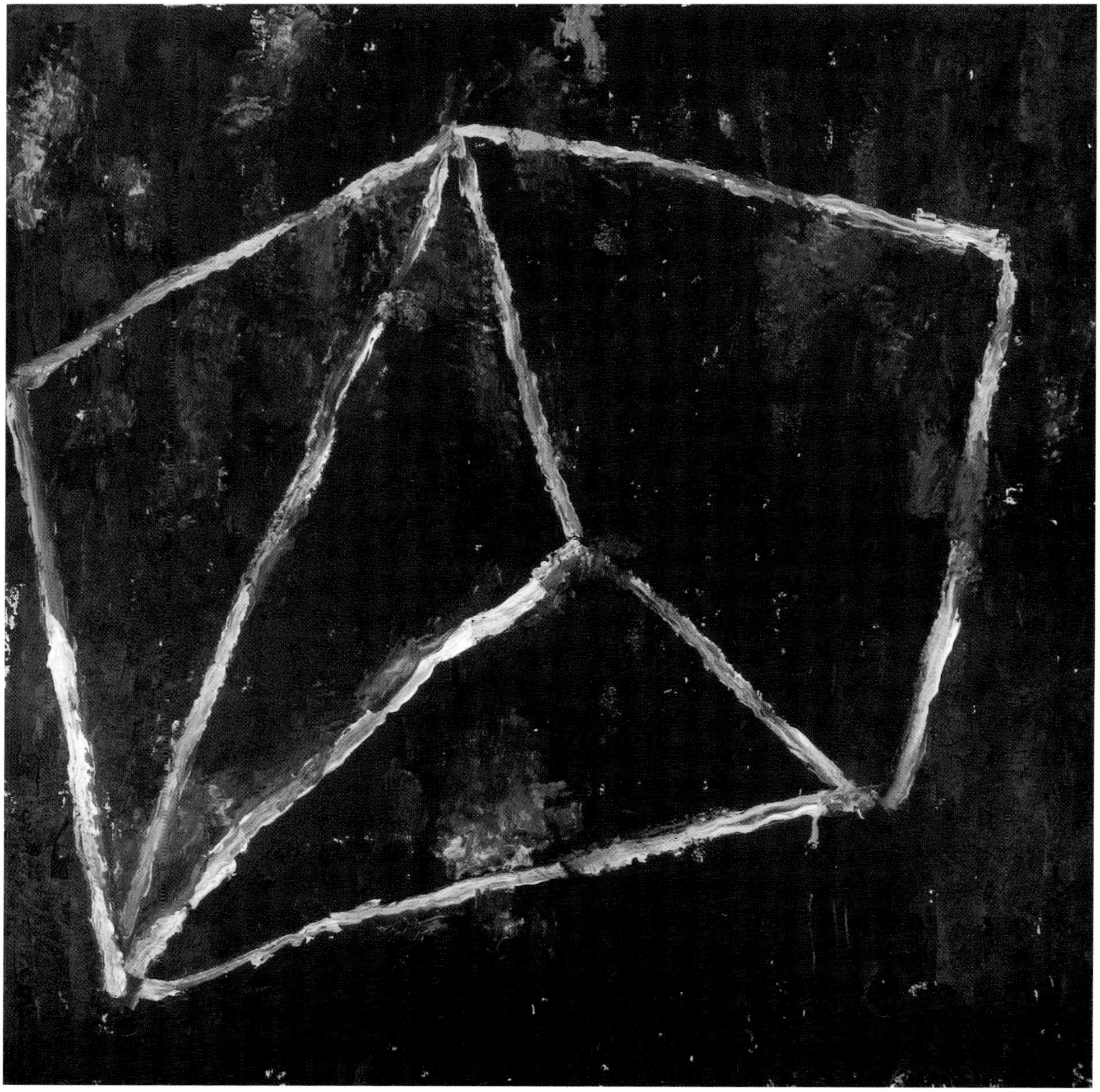

46 **Melancholie 1-3-98** 1998 [Melancholy]

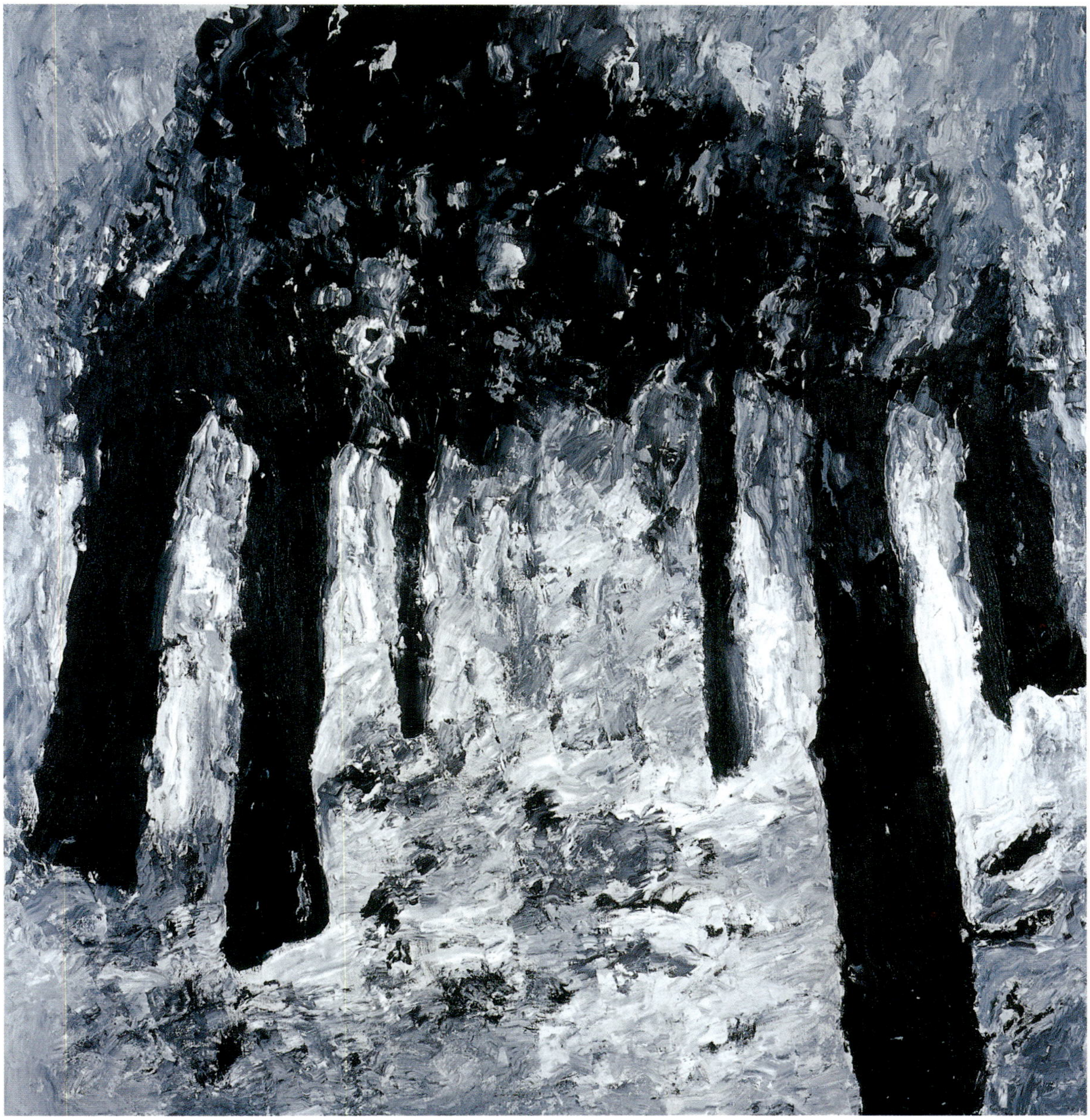

48 **Waldstück 29-10-01** 2001 [Woodscape]

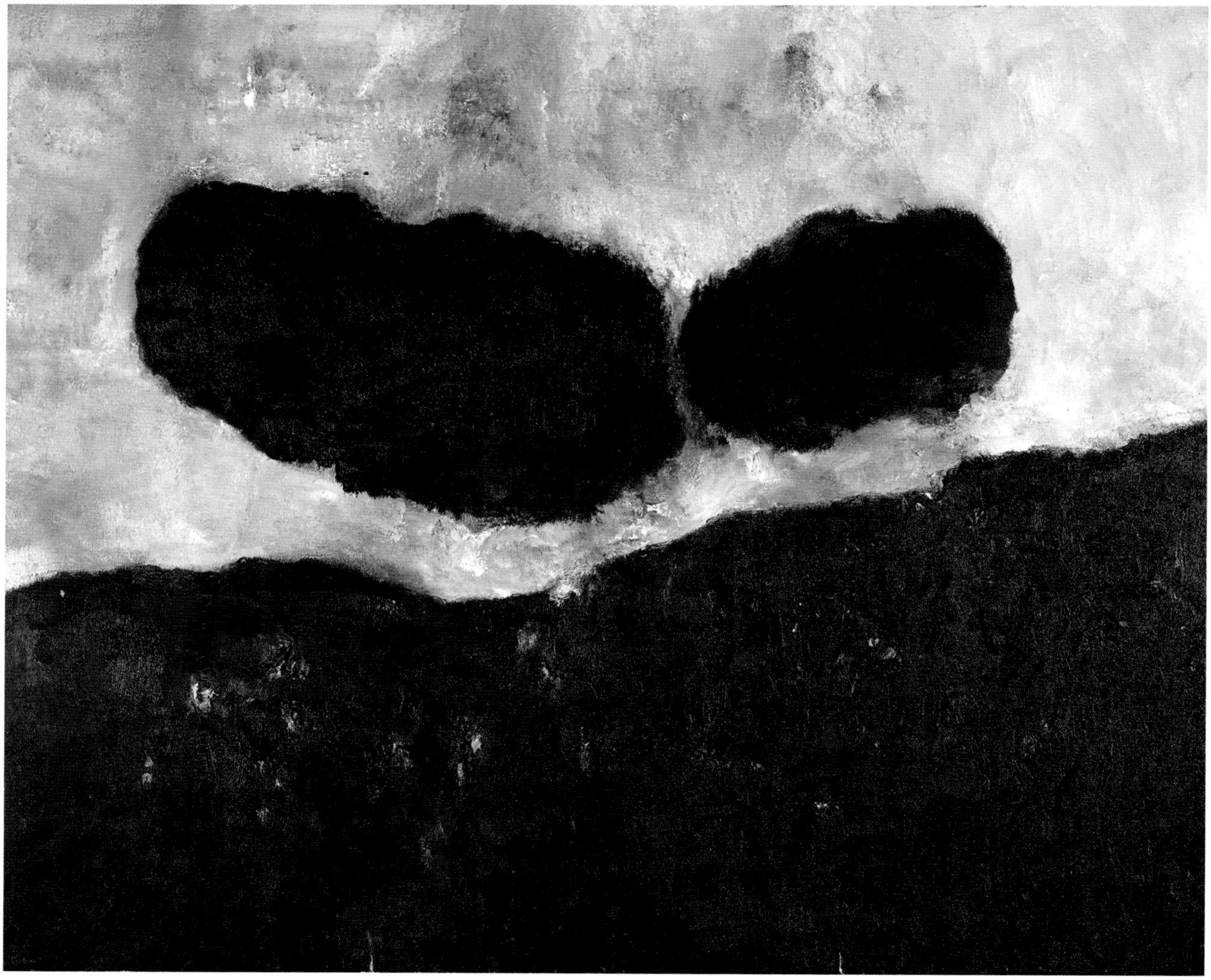

50 **Schwarze Wolken 27-10-04** 2004 [Black Clouds]

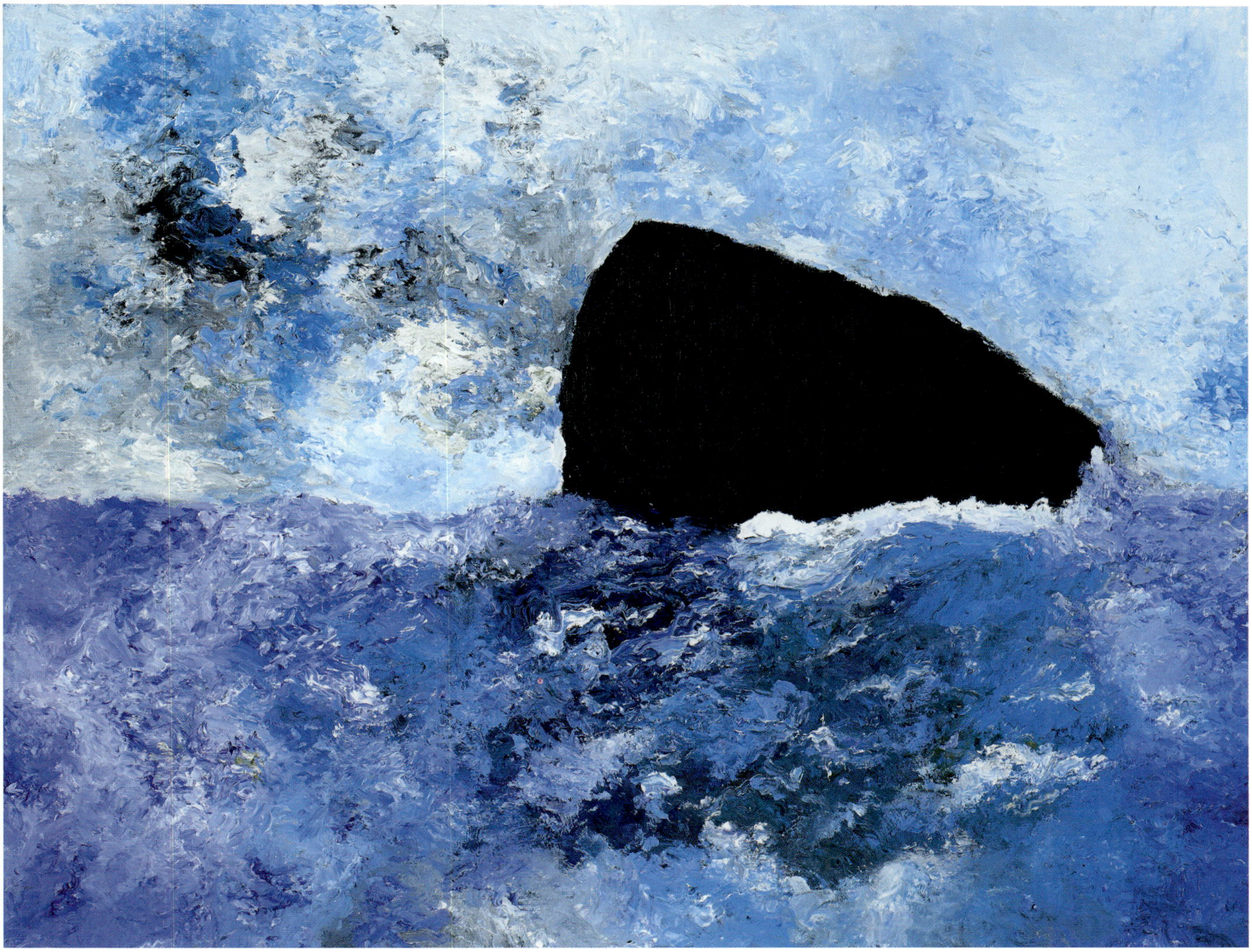

54 **Das Schiff 9-3-05** 2005 [The Ship]

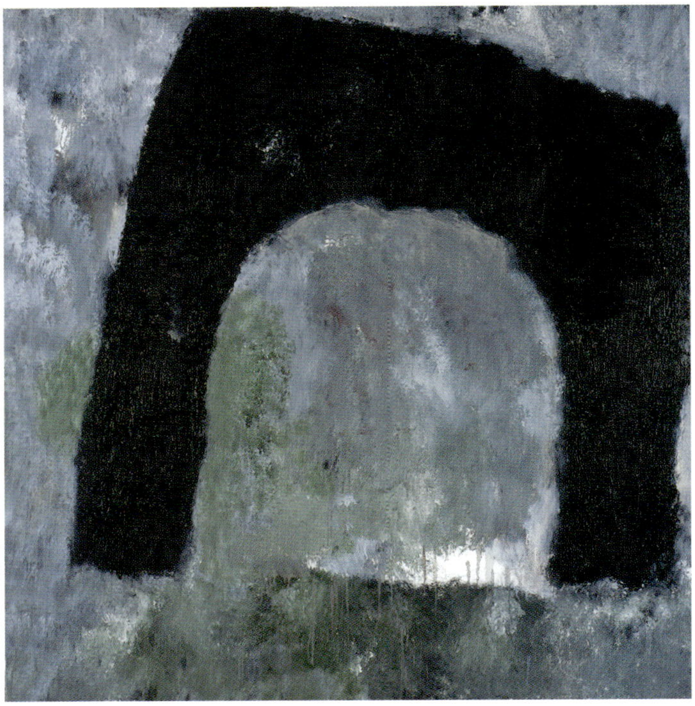

55 **Denkmal 17-3-05** 2005 [Memorial]

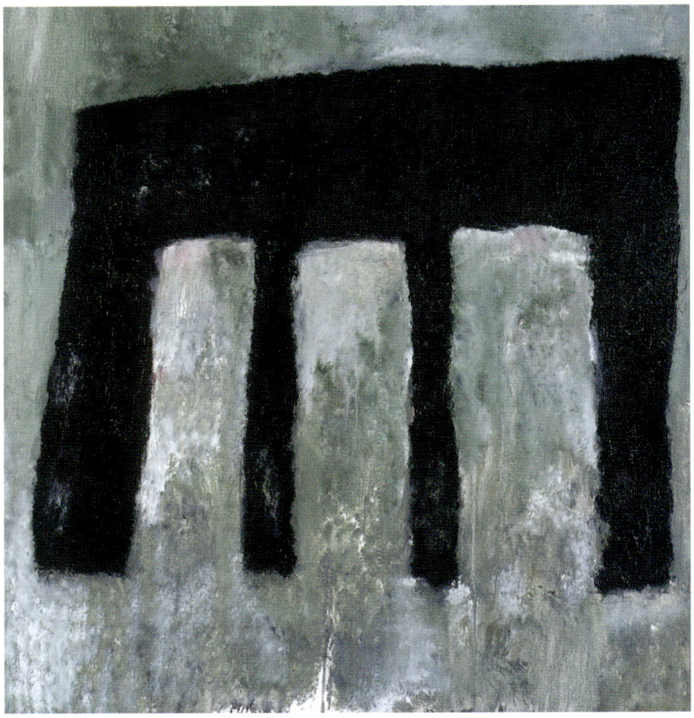

58 **Denkmal 5-4-05** 2005 [Memorial]

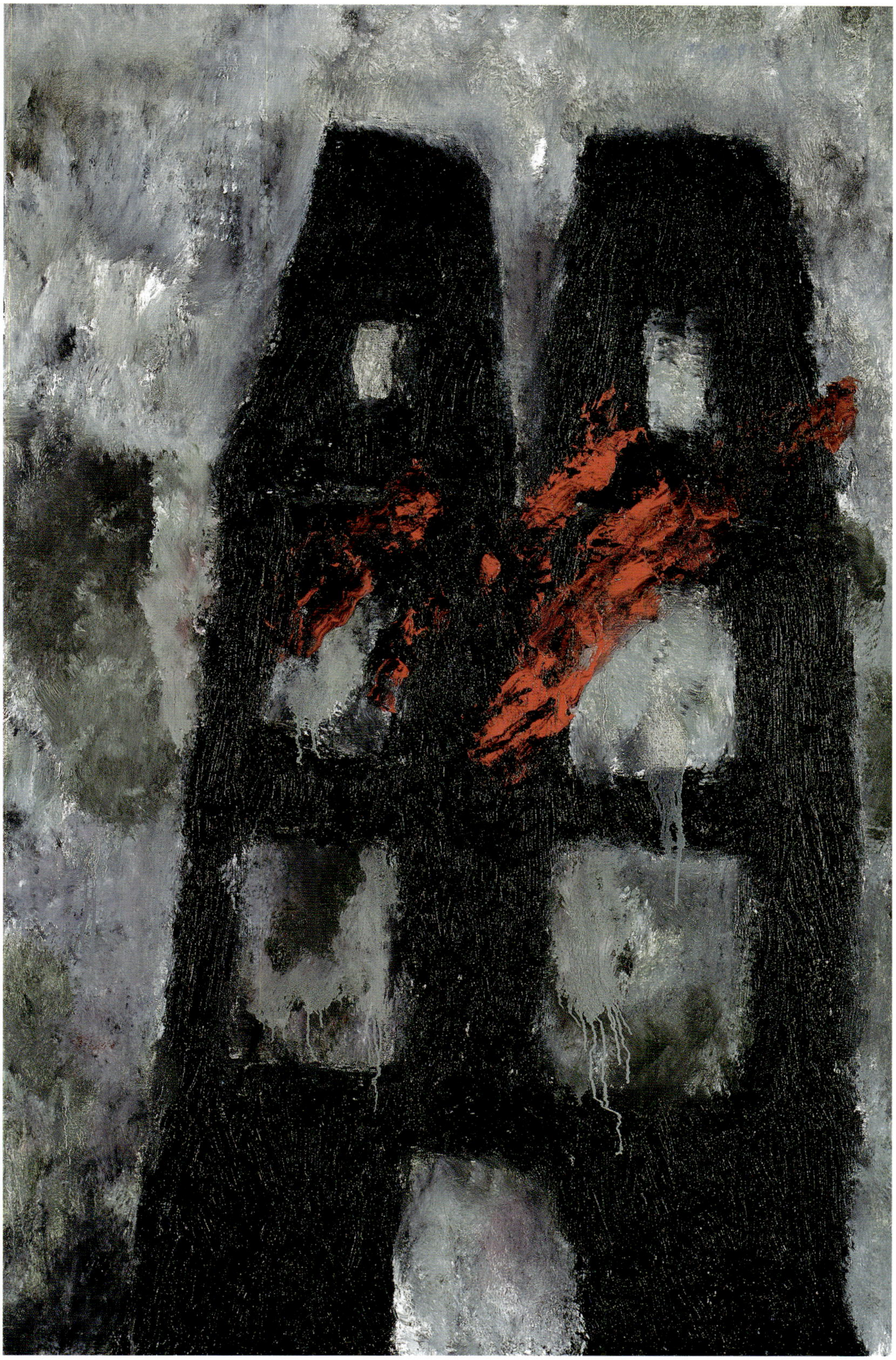

56 **Die Kirche 28-3-05** 2005 [The Church]

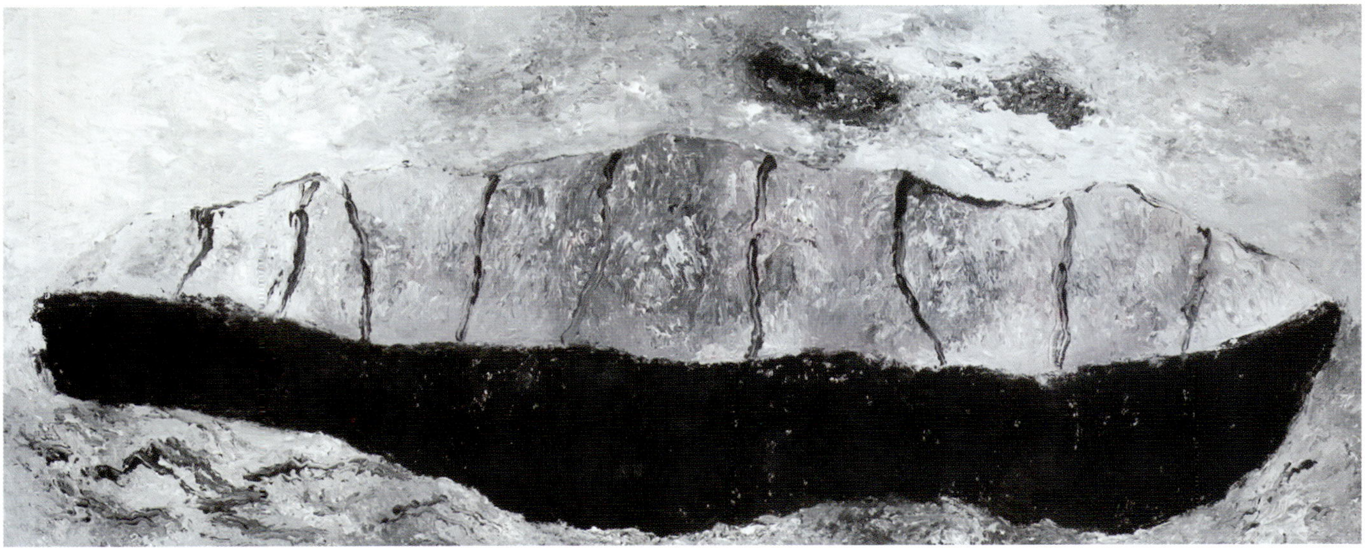

59 **Boot 12-4-05** 2005 [Boat]

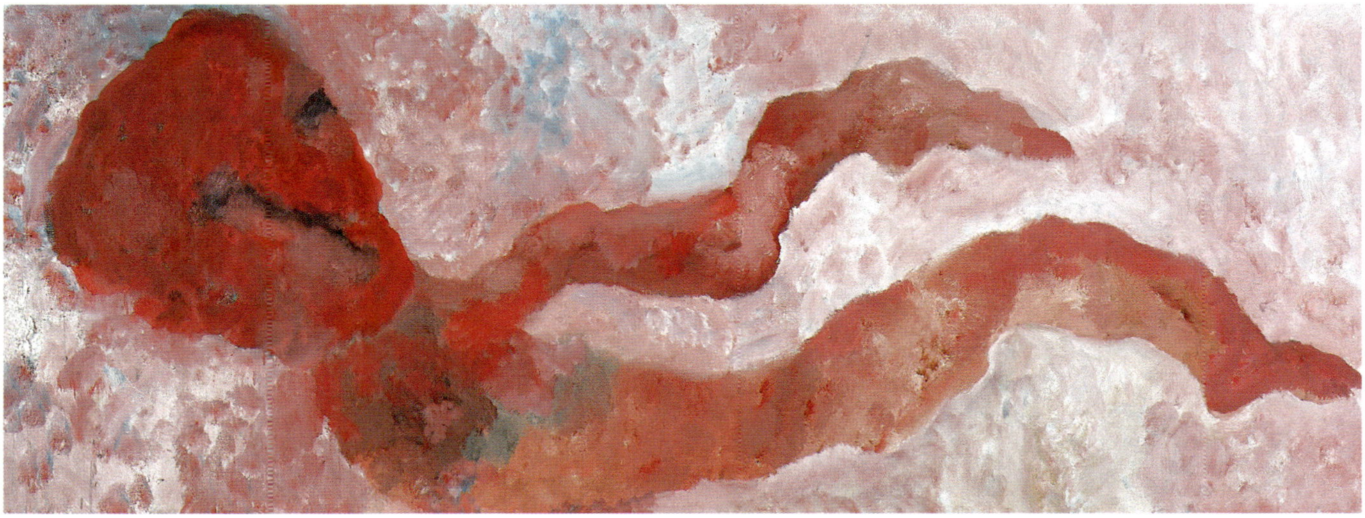

67 **Liegende Gestalt 23-9-05** 2005 [Lying Figure]

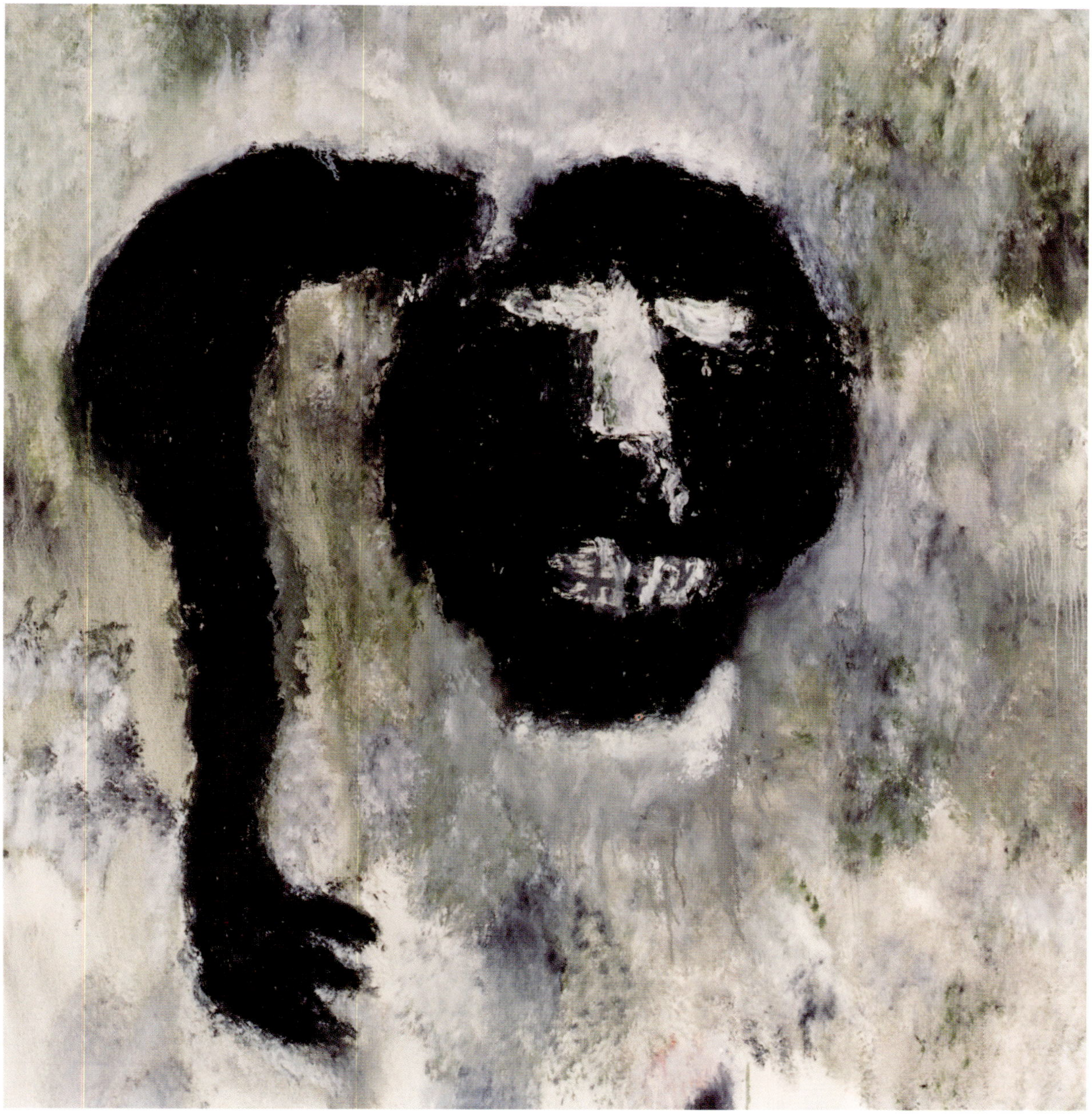

60 **Menschliches 18-4-05** 2005 [Humanly]

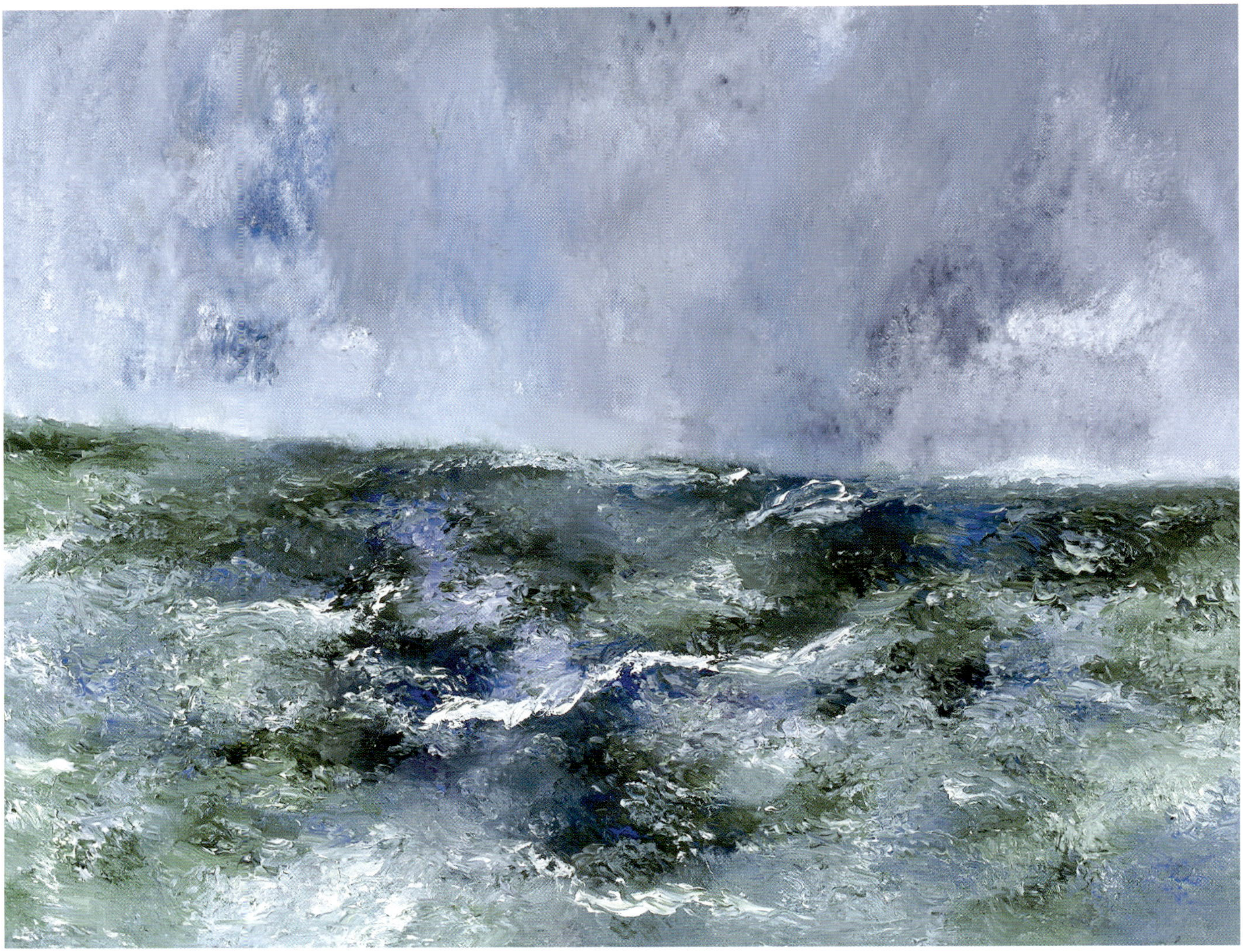

62 **Seestück 14-6-05** 2005 [Seascape]

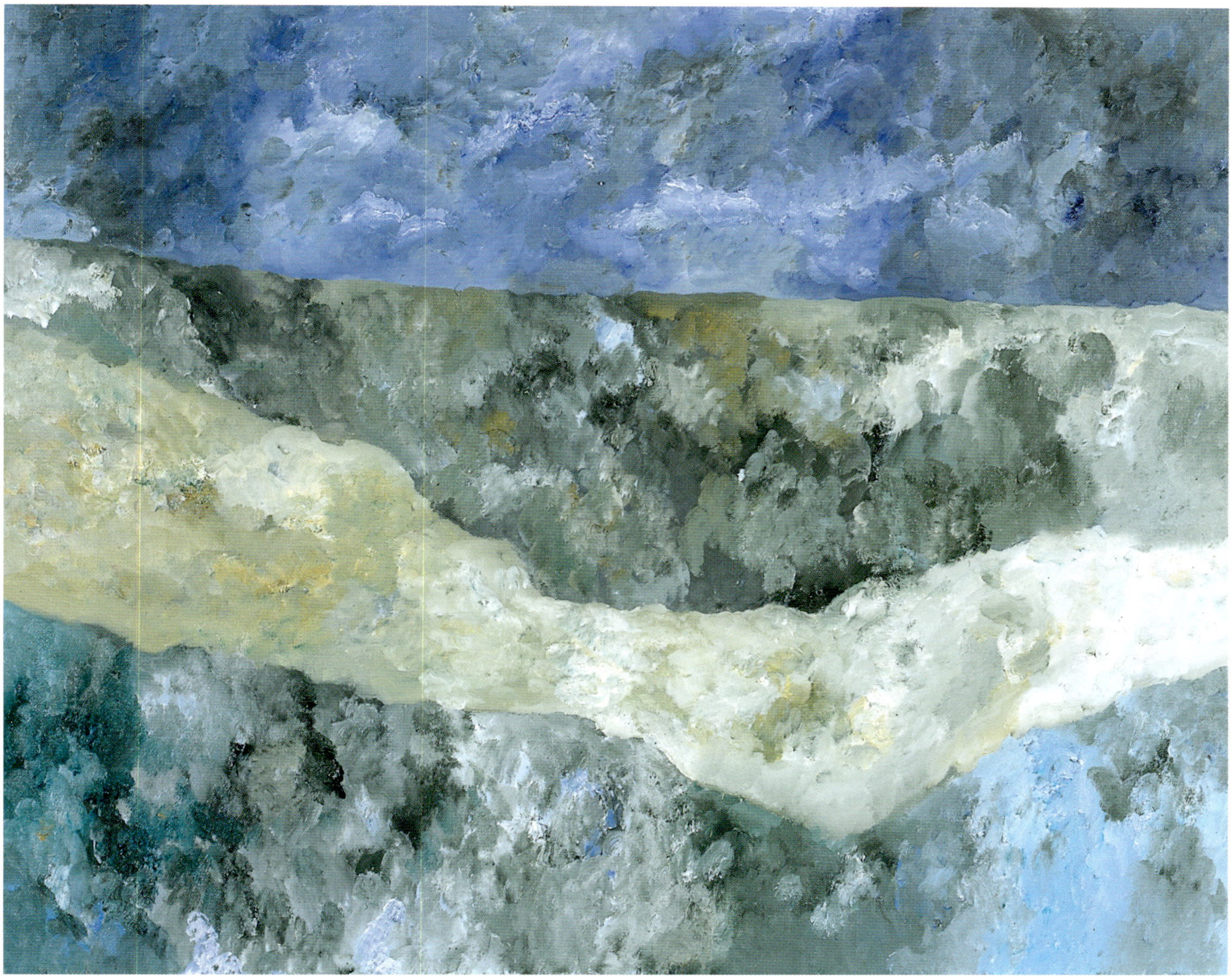

69 **Landschaft 1-10-05** 2005 [Landscape]

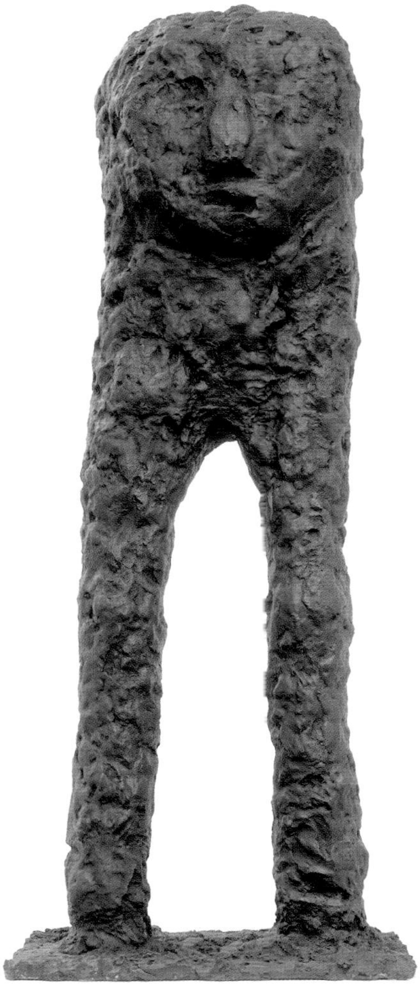

76 **Gestalt** 1999 [Figure]

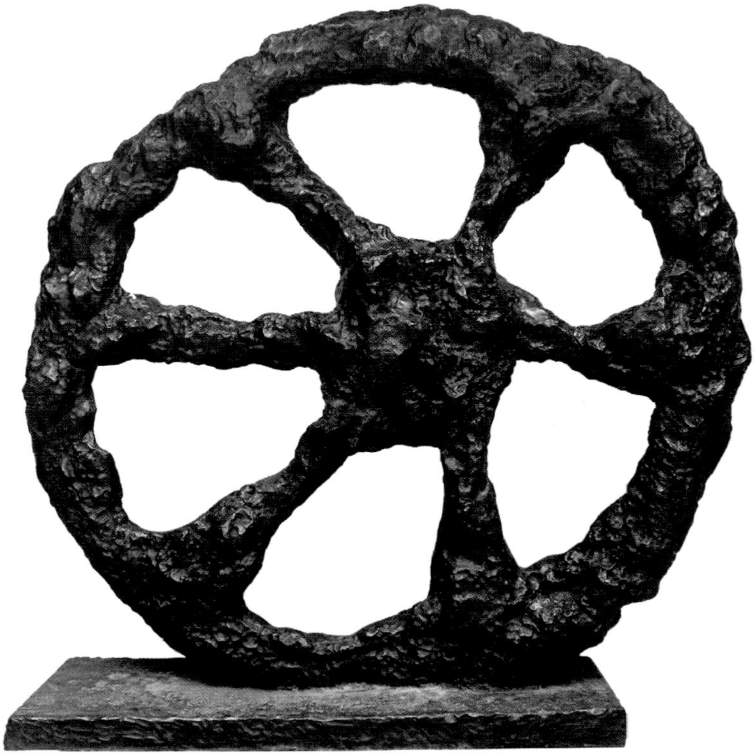

72 **Das Rad** 1989/90 [The Wheel]

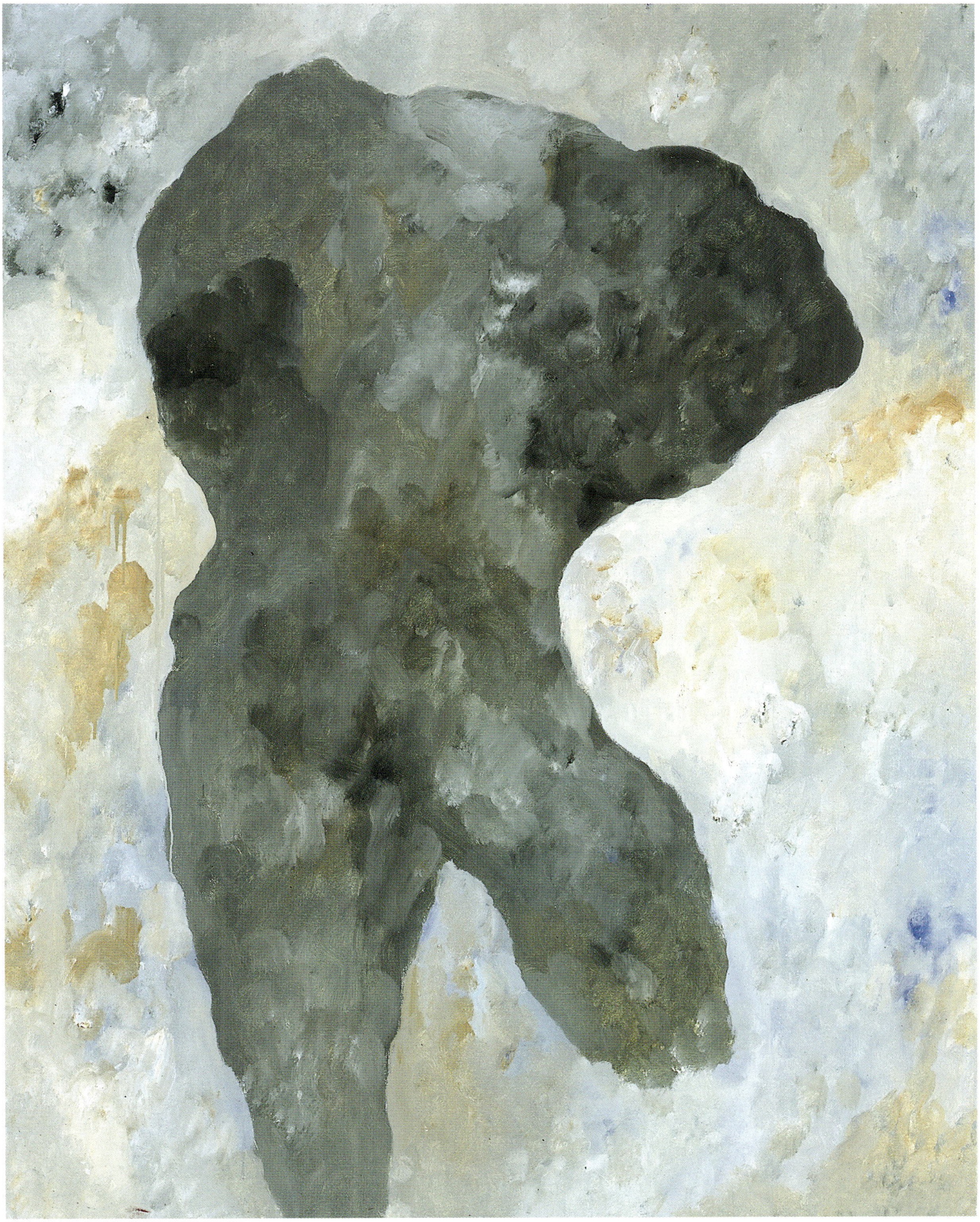

71 **Körperlich 11-11-05** 2005 [Physical]

CATALOGUS CATALOGUE

De data genoemd in de titels moeten als volgt gelezen worden: dag, maand, jaar

The dates included in the titles should be read as follows: day, month, year

1
Zonder titel 10/52 1952 [Untitled]
To M.H. (Mike Hammer)
potlood op papier pencil on paper
50 x 65 cm
collectie collection **Franck Gribling**

2
Zonder titel 1953 [Untitled]
olieverf op board oil on board
90 x 155 cm
particuliere collectie private collection
afbeelding *illustration*

3
Zonder titel 1953 [Untitled]
waterverf en potlood op papier watercolour and pencil on paper
50 x 65 cm
Cobra Museum voor Moderne Kunst Amstelveen
afbeelding *illustration*

4
Zonder titel 1954 [Untitled]
kleurpotlood en potlood op papier coloured crayons and pencil on paper
50 x 65 cm
Cobra Museum voor Moderne Kunst Amstelveen
afbeelding *illustration*

5
Zonder titel 2/54 1954 [Untitled]
olieverf op board oil on board
84,7 x 77 cm
eigendom kunstenaar property of the artist

6
Zonder titel 7/54 1954 [Untitled]
waterverf gekleurd waskrijt en potlood op papier watercolour coloured wax crayons and pencil on paper
65 x 50 cm
Cobra Museum voor Moderne Kunst Amstelveen

7
Zonder titel 7/54 1954 [Untitled]
waterverf gekleurd waskrijt en potlood op papier watercolour coloured wax crayons and pencil on paper
65 x 50 cm
Cobra Museum voor Moderne Kunst Amstelveen

8
Zonder titel 8/54 1954 [Untitled]
waterverf gekleurd waskrijt en potlood op papier watercolour coloured wax crayons and pencil on paper
50 x 62 cm
Cobra Museum voor Moderne Kunst Amstelveen
afbeelding *illustration*

9
Zonder titel 10/54 1954 [Untitled]
waterverf gekleurd waskrijt en potlood op papier watercolour coloured wax crayons and pencil on paper
65 x 50 cm
Cobra Museum voor Moderne Kunst Amstelveen

10
Armando's tekeningen in Le Canard 1954 [Armando's drawings at Le Canard]
affiche poster
kleurpotlood en inkt op papier coloured crayons and ink on paper
50 x 65 cm
Cobra Museum voor Moderne Kunst Amstelveen
afbeelding *illustration*

11
Peinture criminelle 7/55 1955 [Criminal Painting]
olieverf op board oil on board
90 x 100 cm
collectie collection **Franck Gribling**

12
Peinture criminelle 11/55 1955 [Criminal Painting]
olieverf op board oil on board
122 x 91,5 cm
collectie collection **de heer en mevrouw Krajenbrink**
afbeelding *illustration*

13
Homo homini lupus 1956
olieverf op board oil on board
122 x 92 cm
particuliere collectie private collection

14
Peinture criminelle 7/56 1956 [Criminal Painting]
olieverf op board oil on board
122 x 92 cm
collectie collection **Phanos**
afbeelding *illustration*

15
Tête noire II 1956 [Black Head]
olieverf op board oil on board
75 x 56,5 cm
Stedelijk Museum, Amsterdam
afbeelding *illustration*

16
Zwart prikkeldraad op zwart 1/60 1960 [Black Barbed Wire on Black]
prikkeldraad en olieverf op doek barbed wire and oil on canvas
120 x 120 cm
eigendom kunstenaar property of the artist
afbeelding *illustration*

17
8 zwarte bouten op rood 1961/63 [8 Black Bolts on Red]
olieverf op spaanplaat en bouten oil on chipboard and bolts
133 x 121 cm
collectie collection **C.A.M. Holt**
afbeelding *illustration*

18
De onbekende soldaat 1974 [The Unknown Soldier]
foto en waterverf op papier photo and water colour on paper
75 x 100 cm
collectie collection **Sanders**
afbeelding *illustration*

19
De plek 1974 [The Place]
foto en potlood op papier photo and pencil on paper
70 x 100 cm
particuliere collectie private collection
afbeelding *illustration*

20
Schuldig landschap 1977 [Guilty Landscape]
vierluik, diverse materialen op paneel mixed media on panel
122 x 566 cm (122 x 183 cm (2x)
100 x 100 cm (2x)
eigendom kunstenaar property of the artist

21
De vijand tegemoet 1978 [Encountering the Enemy]
olieverf op doek oil on canvas
160 x 115 cm
Armando Museum, Amersfoort

22
Het gedrag van de vijand 1979 [The Enemy's Behaviour]
olieverf en zand op doek oil and sand on canvas
160 x 115 cm
BATartventure Collectie Collection

23
Blick durchs Fenster 1979/80 [Look through the Window]
tweeluik, olieverf op doek oil on canvas
200 x 145 cm (2x)
particuliere collectie private collection
afbeelding *illustration*

24
Feindbeobachtung 1980 [Enemy Observation]
olieverf op doek oil on canvas
250 x 175 cm
collectie collection **ABN AMRO**
afbeelding *illustration*

25
Fahne 1980/81 [Flag]
olieverf op doek oil on canvas
225 x 175 cm
collectie collection **J.A. Grond en H. Nissen**

26
Fahne 1980/81 [Flag]
olieverf op doek oil on canvas
225 x 175 cm
particuliere collectie private collection

27
Fahne 1981 [Flag]
olieverf op doek oil on canvas
225 x 155 cm
collectie collection **Phanos**
afbeelding *illustration*

28
Körperlich 1982 [Physical]]
olie op doek oil on canvas
225 x 155 cm
Museum van Bommel van Dam, Venlo

29
Schuldige Landschaft 1982 [Guilty Landscape]
olieverf op doek oil on canvas
210 x 145 cm
particuliere collectie private collection
afbeelding *illustration*

30
Preussisch 4-1982 [Prussian]
olieverf op doek oil on canvas
170 x 170 cm
particuliere collectie private collection
afbeelding *illustration*

31
Waldrand 28-3-83 1983 [Edge of the Forest]
olieverf op doek oil on canvas
210 x 145 cm
particuliere collectie private collection
afbeelding *illustration*

32
Gefechtsfeld 2-9-84 1984 [Battlefield]
olieverf op doek oil on canvas
225 x 165 cm
Koninklijke Bibliotheek, Den Haag

33
Gefechtsfeld 30-9-84 1984 [Battlefield]
olieverf doek oil on canvas
225 x 165 cm
Koninklijke Bibliotheek, Den Haag
afbeelding *illustration*

34
Die Hand 1985 [The Hand]
olieverf op doek oil on canvas
165 x 225 cm
particuliere collectie private collection

35
Der Baum 5-5-85 1985 [The Tree]
olieverf op doek oil on canvas
240 x 110 cm
particuliere collectie private collection

36
Melancholie 6/7-10-86 1986 [Melancholy]
tweeluik, olieverf op doek oil on canvas
175 x 225 cm (2x)
Centraal Museum, Utrecht
afbeelding *illustration*

37
Das Tor 27-4-87 1987 [The Gate]
olieverf op doek oil on canvas
165 x 225 cm
Armando Museum, Amersfoort

38
Das Gewehr 13-9-89 1989 [The Gun]
olieverf op doek oil on canvas
198 x 250 cm
particuliere collectie private collection

39
Die Leiter 17-4-92 1992 [The Ladder]
olieverf op doek oil on canvas
198 x 198 cm
eigendom kunstenaar property of the artist

40
Der Turm 6-7-94 [The Tower]
olieverf op doek oil on canvas
160 x 120 cm
particuliere collectie private collection
afbeelding *illustration*

41
Der Zaun 28-7-94 1994 [The Fence]
olieverf op doek oil on canvas
160 x 180 cm
particuliere collectie private collection
afbeelding *illustration*

42
Damals 11-7-97 1997 [At that time]
olieverf op doek oil on canvas
180 x 160 cm
particuliere collectie private collection
afbeelding *illustration*

43
Schwarze Landschaft 28-8-97 1997 [Black Landscape]
olieverf op doek oil on canvas
198 x 198 cm
eigendom kunstenaar property of the artist

44
Der Feldzug 18-2-98 1998 [The Campaign]
olieverf op doek oil on canvas
165 x 225 cm
eigendom kunstenaar property of the artist
afbeelding *illustration*

45
Die Kuppel 26-2-98 1998 [The Dome]
olieverf op doek oil on canvas
198 x 198 cm
collectie collection **de heer en mevrouw Kratsborn**
afbeelding *illustration*

46
Melancholie 1-3-98 1998 [Melancholy]
olieverf op doek oil on canvas
198 x 198 cm
collectie collection **de heer en mevrouw Krajenbrink**
afbeelding *illustration*

47
Gestalt 2000 [Figure]
olieverf op doek oil on canvas
200 x 200 cm
eigendom kunstenaar property of the artist

48
Waldstück 29-10-01 2001 [Woodscape]
olieverf op doek oil on canvas
200 x 200 cm
collectie collection **Phanos**
afbeelding *illustration*

49
Blaue Landschaft 4-12-01 2001 [Blue Landscape]
olieverf op doek oil on canvas
200 x 250 cm
collectie collection **de heer en mevrouw Krajenbrink**

50
Schwarze Wolken 27-10-04 2004 [Black Clouds]
olieverf op doek oil on canvas
200 x 250 cm
eigendom kunstenaar property of the artist
afbeelding *illustration*

51
Damals 27-12-04 2004 [At that time]
olieverf op doek oil on canvas
200 x 250 cm
eigendom kunstenaar property of the artist

52
Der Kopf 10-1-05 2005 [The Head]
olieverf op doek oil on canvas
120 x 120 cm
particuliere collectie private collection

53
Das Tier 13-1-05 2005 [The Animal]
olieverf op doek oil on canvas
150 x 150 cm
eigendom kunstenaar property of the artist
(courtesy Galerie Rob de Vries, Haarlem)

54
Das Schiff 9-3-05 2005 [The Ship]
olieverf op doek oil on canvas
150 x 200 cm
courtesy Galerie Willy Schoots, Eindhoven
afbeelding *illustration*

55
Denkmal 17-3-05 2005 [Memorial]
olieverf op doek oil on canvas
150 x 150 cm
courtesy Galerie Willy Schoots, Eindhoven
afbeelding *illustration*

56
Die Kirche 28-3-05 2005 [The Church]
olieverf op doek oil on canvas
150 x 100 cm
collectie collection **Van Eekeren**
afbeelding *illustration*

57
Denkmal 3-4-05 2005 [Memorial]
olieverf op doek oil on canvas
150 x 150 cm
particuliere collectie private collection

58
Denkmal 5-4-05 2005 [Memorial]
olieverf op doek oil on canvas
150 x 150 cm
collectie collection **An en Joop Groen, Vlaardingen**
afbeelding *illustration*

59
Boot 12-4-05 2005 [Boat]
olieverf op doek oil on canvas
100 x 250 cm
collectie collection **de heer en mevrouw Krajenbrink**
afbeelding *illustration*

60
Menschliches 18-4-05 2005 [Humanly]
olieverf op doek oil on canvas
150 x 150 cm
collectie collection **de heer en mevrouw Krajenbrink (courtesy Galerie Helga Hofman)**
afbeelding *illustration*

61
Das Schiff 10-5-05 2005 [The Ship]
olieverf op doek oil on canvas
150 x 200 cm
particuliere collectie private collection

62
Seestück 14-6-05 2005 [Seascape]
olieverf op doek oil on canvas
150 x 200 cm
eigendom kunstenaar property of the artist
afbeelding *illustration*

63
Das Haus 15-6-05 2005 [The House]
olieverf op doek oil on canvas
130 x 165 cm
eigendom kunstenaar property of the artist

64
Seestück 1-8-05 2005 [Seascape
olieverf op doek oil on canvas
75 x 200 cm
courtesy Galerie Helga Hofman, Alphen a/d Rijn
afbeelding *illustration*

65
Landschaft 27-8-05 2005 [Landscape]
olieverf op doek oil on canvas
200 x 200 cm
courtesy Galerie Helga Hofman, Alphen a/d Rijn

66
Gestalt 1-9-05 2005 [Figure]
olieverf op doek oil on canvas
200 x 155 cm
courtesy Galerie Willy Schoots, Eindhoven

67
Liegende Gestalt 23-9-05 2005 [Lying Figure]
olieverf op doek oil on canvas
75 x 200 cm
courtesy Galerie Helga Hofman, Alphen a/d Rijn
afbeelding *illustration*

68
Gestalt 29-9-05 2005 [Figure]
olieverf op doek oil on canvas
200 x 155 cm
courtesy Galerie Nouvelles Images, Den Haag

69
Landschaft 1-10-05 2005 [Landscape]
olieverf op doek oil on canvas
155 x 200 cm
courtesy Galerie Helga Hofman, Alphen a/d Rijn
afbeelding *illustration*

70
Landschaft 13-10-05 2005 [Landscape]
olieverf op doek oil on canvas
155 x 200 cm
courtesy Galerie Helga Hofman, Alphen a/d Rijn
afbeelding *illustration*

71
Körperlich 11-11-05 2005 [Physical]
olieverf op doek oil on canvas
160 x 130 cm
courtesy Galerie Helga Hofman, Alphen a/d Rijn
afbeelding *illustration*

72
Das Rad 1989/90 [The Wheel]
brons bronze **1/3**
196 x 198 x 61 cm
eigendom kunstenaar property of the artist
afbeelding *illustration*

73
Die Leiter 1991 [The Ladder]
brons bronze **1/1**
400 x 120 x 12 cm
eigendom kunstenaar property of the artist

74
Der Kelch 1994 [The Goblet]
brons bronze **e.a. I/II**
36,5 x 32,5 x 30 cm
Galerie Rob de Vries, Haarlem

75
Melancholie 1998 [Melancholy]
brons bronze **1/3**
82,5 x 88 x 91 cm
collectie collection **de heer en mevrouw Krajenbrink**

76
Gestalt 1999 [Figure]
brons bronze **3/3**
185 x 77 x 61,5 cm
eigendom kunstenaar property of the artist
afbeelding *illustration*

77
Der Arm 1998 [The Arm]
brons bronze **e.a. I/I**
20 x 110,5 x 24 cm
eigendom kunstenaar property of the artist
(courtesy Galerie Rob de Vries, Haarlem)

BIOGRAFIE BIOGRAPHY

1929
Geboren in Amsterdam. Krijgt op vijfjarige leeftijd een viool en volgt tot de leeftijd van twaalf onderwijs in klassieke muziek. Born in Amsterdam. Is given a violin for his fifth birthday and studies classical music until age twelve.

1935-1950
Woonachtig in Amersfoort, waar de Duitse bezetter in 1941 een concentratiekamp opzet. Lives in Amersfoort, where the Germans set up a concentration camp in 1941.

1945-1949
Overwegend actief als violist in bands; speelt ook in zigeunerorkesten. Stopt op negentienjarige leeftijd abrupt met vioolspelen en richt aandacht volledig op beeldende kunst. Much in demand as a dance band violinist. Also plays in Gypsy orchestras. Abruptly stops playing violin at age nineteen and focuses entirely on the visual arts.

1949
Begint intensief te tekenen, meestal in de bossen rond Amersfoort. Begins to draw seriously, usually in the woods around Amersfoort.

1950
Vertrekt naar Amsterdam. Start met studie kunstgeschiedenis aan Universiteit van Amsterdam. Schrijft eerste gedichten. Goes to Amsterdam. Takes courses in Art History at the University of Amsterdam. Writes his first poems.

1953
Blijft tekenen en maakt zo nu en dan een schilderij. Wordt lid van de kunstbeweging Creatie. Maakt zijn debuut als beeldend kunstenaar. Makes the occasional painting in addition to his drawings. Becomes a member of art movement Creatie. Makes his debut as a visual artist.

1954
Debuteert als dichter in het literaire tijdschrift Podium. Eerste solotentoonstelling met merendeels ongetitelde abstracte tekeningen bij de Amsterdamse avant-garde galerie Le Canard. Debutes as a poet in the literary magazine Podium. First solo exhibition in Le Canard, an Amsterdam avant-garde gallery, with mostly untitled abstract drawings.

1957
Solotentoonstelling bij Le Canard met *Peintures criminels*. Debuteert als prosa schrijver in Podium met een kort verhaal geschreven in 1951. Solo exhibition at Le Canard with *Peintures criminels*. Debuts as prose writer in Podium with a short story written in 1951.

1961-1965
Armando, Henk Peeters, Jan Schoonhoven, Jan Henderikse en Kees van Bohemen vormen de Nul-groep. Armando schrijft het meeste materiaal. De typische opvatting van deze groep om fragmenten van de realiteit te annexeren en te isoleren resulteert in sterke vereenvoudigingen in zijn beeldend werk. Armando, Henk Peeters, Jan Schoonhoven, Jan Henderikse and Kees van Bohemen form the Zero movement. Armando writes most of the written material. The typical Zero method of annexing and isolating fragments from reality leads to extreme reduction in his visual work.

1967
Armando en Hans Sleutelaar publiceren het controversiële boek *De SS-ers, Nederlandse vrijwilligers in de Tweede Wereldoorlog*. Hervat tekenactiviteiten na een nachtelijke wandeling door de duinen. Armando and Hans Sleutelaar publish the controversial book *De SS-ers, Nederlandse vrijwilligers in de Tweede Wereldoorlog* (The SS, Dutch volunteers during the Second World War). Begins to draw again after a night walk through the dunes.

1971-1972
De eerste drie episodes van *Herenleed* worden uitgezonden door de AVRO. Geschreven door Armando en Cherry Duyns maar uitgevoerd door andere acteurs. Keert terug naar het schilderen met thema's zoals oorlog en geweld en met titels zoals *De plek*, *De vijand*. Ontwikkelt metafoor van 'het schuldige landschap'. Tekeningen krijgen titels zoals *Schuldig landschap* en *De onbekende soldaat*. Maakt in deze werken voor het eerst gebruik van foto's, die hij zelf heeft gemaakt of gebruikt kopieën uit boeken over de oorlog. First three episodes of *Herenleed* (Gentlemen's Grief) broadcast by AVRO. Written by Armando and Cherry Duyns but acted by others. Goes back to painting, with themes such as war and violence, titles such as *De plek, De vijand* (The Place, The Enemy). Develops metaphor of 'the guilty landscape'. Drawings are given titles, such as the series *Schuldig landschap* (Guilty Landscape) and *De onbekende soldaat* (The Unknown Soldier). Makes use in these works of photos for the first time, which he has made or copies from books about the war.

1973
De eerste sculpturen ontstaan: een monument in steen *De geheime trap*, gemaakt in opdracht van de gemeente Uithoorn. Unveiling of the monumental work in stone *De geheime trap* (The Secret Stairs), commissioned by the city of Uithoorn.

1979-1980
Krijgt een stipendium van DAAD (Deutscher Akademischer Austauschdienst) en vertrekt voor een jaar naar Berlijn. Besluit in Berlijn te blijven. Geeft zijn kunst Duitstalige titels. De eerste serie die in Berlijn ontstaat wordt genoemd *Feindbeobachtung, Feindberührung*, gevolgd door werken als *Fahne, Gefechtsfeld, Preussisch, Körperlich*. Tekent met potlood op oude portretfoto's en ansichtkaarten van anonieme Berlijners en noemt die *Anmerkungen zur Vergangenheit*. Goes to Berlin for a year on a DAAD stipend (Deutscher Akademischer Austauschdienst). Decides to remain in Berlin. Visual art is given German titles. First series in Berlin is called *Feindbeobachtung, Feindberührung*, followed by such works as *Fahne, Gefechtsfeld, Preussisch, Körperlich*. Draws with pencil on old photo portraits and postcards of anonymous Berliners and calls them *Anmerkungen zur Vergangenheit* (Remarks on the Past).

1982
De eerste lithografieën ontstaan (Fahnen). Making of the first lithographies (Fahnen).

1983-1984
De schilderijen series *Waldrand* en *Der Baum* ontstaan. Development of series of paintings, *Waldrand, Der Baum*.

1986
Begint aan een serie schilderijen met titels als *Melancholie* en *Schuldig landschap*. Starts *Melancholie*, *Schuldig landschap*, a series of paintings.

1988
Schildert de serie *Gestalt*, *Kopf*. Maakt zijn eerste bronzen sculpturen. Het Concertgebouw Amsterdam benadert hem voor een sculptuur (*Fahne*). Ontstaan van nieuwe series in het beeldend werk: *Der Kelch*, *Das Rad*, *Die Leiter*, *Der Zaun*. Paints the series *Gestalt*, *Kopf*. Makes his first bronze sculptures. The Concertgebouw in Amsterdam approaches him for a sculpture (*Fahne*). New series in his visual work: *Der Kelch*, *Das Rad*, *Die Leiter*, *Der Zaun*.

1989
Viering van zestigste verjaardag, ter gelegenheid waarvan hij na een onderbreking van veertig jaar één nummer speelt samen met het Tata Mirando orkest. Tata geeft hem een viool. Celebration of his sixtieth birthday at which the Tata Mirando orchestra performs. After more than forty years plays one number with them. Tata gives him a violin.

1993
Begint met eigen kwartet: het Armando-Kwartet. Starts his own quartet: the Armando Quartet.

1994
Realiseert belangrijk project: dertien meter hoge in brons uitgevoerde ladder als monument voor Kamp Amersfoort, 'De ladder van het kamp'. Zijn cd *The Violinist* verschijnt. Executes important project: thirteen-meter bronze ladder serving as a monument to Camp Amersfoort, 'De ladder van het kamp' (The Ladder of the Camp). Appearance of the CD *The Violinist*.

1995
Krijgt een Edison voor *The Violinist*. Ontstaan van de schilderijen *Schwarze Landschaft*. In opdracht van de gemeente Groningen maakt hij *Der Baum*, een monument ter nagedachtenis van de in de Tweede Wereldoorlog geëxecuteerde kunstenaar H.N. Werkman. Receives the Edison Prize for *The Violinist*. First paintings *Schwarze Landschaft*. Commissioned by the city of Groningen to produce *Der Baum*, a monument for artist H.N. Werkman who was executed during the Second World War.

1996
Krijgt voor zijn beeldende kunst de Jörg Ratgeb Preis, een belangrijke Duitse prijs. Receives important German prize for his visual art, the Jörg Ratgeb Prize.

1998
Op 8 december wordt in Amersfoort in de Elleboogkerk het Armando Museum geopend geheel gewijd aan het werk van de kunstenaar. Opening of the Armando Museum in Amersfoort on December 8 in the Elleboogkerk, devoted entirely to the artist.

1999
Publiceert *Verzamelde gedichten*. Publishes *Verzamelde gedichten (Collected Poems)*.

2000
Ontvangt van de Stichting Collectieve Propaganda van het Nederlandse Boek een Zilveren Griffel voor *Dierenpraat*. Was awarded the *Zilveren Griffel* (Silver Pencil) award by the CPNB (Foundation for the Collective Promotion of Dutch Books) for his book *Dierenpraat*.

2003
Publiceert *Schoonheid is niet pluis, verzameld proza*. Publishes *Schoonheid is niet pluis, verzameld proza*.

2001-2005
Voegt, na vele jaren voornamelijk in zwarte en witte tinten te hebben gewerkt, weer kleur toe aan zijn palet. After many years working mainly in black and white, has added colour to his palette again.

CATALOGI SOLOTENTOONSTELLINGEN
CATALOGUES SOLO EXHIBITIONS

Armando. Exhibition catalogue, Stedelijk Museum, Amsterdam 14.3-28.4.1974, with an introduction by Carel Blotkamp.

Armando. Nieuwe schilderijen en tekeningen, literair werk, Herenleed. Exhibition catalogue, Centraal Museum, Utrecht, 15.12.1976-30.1.1977, with articles by Carel Blotkamp, Hoos Blotkamp, Libuse Brozek and Nol Gregoor.

Armando. Exhibition catalogue, Akademie der Künste Berlin, 4.6-4.7.1979 and Stedelijk Van Abbemuseum, Eindhoven, 6.4-6.5.1979. Berliner Künstlerprogramm des DAAD, in cooperation with the Stedelijk Van Abbemuseum, Eindhoven, Dutch and German edition, with texts by Armando and an article by R.H. Fuchs.

Studien zur Dekadenz, Catalogue of the Stichting Sikkensprijs, Award for Armando, November 1979.

Armando, Bilder / Pitture 1980-1981. Exhibition catalogue, Galerie Springer Berlin, 21.3-30.4.1981 and Studio Carlo Grossette, Milan, 7.5-3.6.1981.

Jerven Ober (ed.), *Armando, Tekeningen, een overzicht*. Exhibition catalogue, Gemeentelijk Van Reekummuseum, Apeldoorn, 12.7-6.9.1981, with an article by Jerven Ober.

Piet de Jonge (ed.), *Armando*. Exhibition catalogue, Stedelijk Museum Amsterdam, 30.10.1981-3.1.1982 and Van Abbemuseum Eindhoven, 8.1-14.2.1982, with texts by Armando and an article by Rudi Fuchs.

Armando. Fahnen. Exhibition catalogue, Nationalgalerie Berlin, Staatliche Museen Preußisch Kulturbesitz, 13.1-26.2.1984, Westfälischer Kunstverein, Münster, 2.3-15.4.1984 and Städtisches Museum Abteiberg, Mönchengladbach, 29.4-3.6.1984, with a text by Armando and articles by Johannes Cladders and Jürgen Schweinebraden.

Saskia Bos, Paul Hefting and Gijs van Tuyl (eds.), *Armando. Catalogo Padiglione dell'Ollanda / Catalogue Dutch Pavilion 41. Biennale di Venezia.* Exhibition catalogue, Venice Biennial, 6.6-15.9.1984. Amsterdam, 1984, with an introduction by Gijs van Tuyl, texts by Armando and articles by Saskia Bos, Louis Ferron and Paul Hefting.

Armando. Exhibition catalogue, Institut Néerlandais, Paris, 18.10-2.12.1984 and Städtische Kunsthalle, Mannheim, 8.12.1984-20.1.1985, with articles by Carel Blotkamp and Joachim Heusinger von Waldegg.

Elbrig de Groot et al. (eds.), *Armando. 100 tekeningen, 1952-1984 / 100 Zeichnungen, 1952-1984 / 100 drawings 1952-1984.* Exhibition catalogue, Museum Boymans-Van Beuningen, Rotterdam, 16.2-8.4.1985, with an interview by Martijn Sanders.

Armando, Exhibition catalogue, Galerie Springer, Berlin, 31.1.1985-March 1995.

Karl-Egon Vester (ed.), *Armando*. Exhibition catalogue, Kunstverein in Hamburg, 4.4-19.5.1985, with articles by Carel Blotkamp, Johannes Cladders, Günther Gercken and Karl-Egon Vester.

Armando. Melancholie. Exhibition catalogue, Kunstverein Freiburg, 16.1-15.2.1987 and Turske & Turske, Zürich, 28.8-3.9.1987, with an article by Johannes Langner.

Armando. Exhibition catalogue, Musée de Brou, Bourg en Bresse, 15.4-19.6.1988, with an introduction by Marie-Françoise Poiret, articles by Carel Blotkamp and R.H. Fuchs and an interview by Martijn Sanders.
Armando. Damnable Beauty or Resonance of the Past. Amsterdam, The

Contemporary Art Foundation, 1989. Exhibition catalogue, 'Resonance of the Past', Fruitmarket Gallery, Edinburgh, 5.8-24.9.1989, with texts by Armando and articles by Carel Blotkamp and Saskia Bos.

Armando. Exhibition catalogue, Kunsthalle Nürnberg, 6.4-20.5.1990, with an introduction by Lucius Grisebach and texts by Armando.

Armando. Elke Dröscher exhibition catalogue, Kunstraum Falkenstein, Hamburg, 1991, with texts by Armando.

Barbara Benjas (ed.), *Armando.* Exhibition catalogue, Galerie Eremitage, Berlin, 4.10-13.11.1992 and Galerie Eremitage Wiesbaden, 1.11-20.12.1992, with texts by Armando.

Armando. Exhibition catalogue, Galerie Shigeru Yokota, Tokyo, 21.9-9.10.1992.

Armando. Bilder, Skulpturen, Zeichnungen. Exhibition catalogue, Neuer Berliner Kunstverein and Haus am Waldsee, Berlin 5.3-1.5.1994 and Neues Museum Weserburg, Bremen, 17.7-18.10.1994, with texts by Armando and articles Thomas Deecke, Anatol Gotfryd, Peter Raue and Angela Schneider.

Armando. Veelzijdigheid. Exhibition catalogue, Nederlandse Gasunie, Groningen, 28.10, 6.11, 13.11 en 27.11.1994, with texts by Armando and articles by Chris de Boer and Tans van Kleef (with compact disc 'Armando the Violinist').

Armando. Exhibition catalogue, Museum Jan Cunen, Oss, 4.9-16.10.1994 and Galerie Nouvelles Images, The Hague, 3.9-5.10.1994, with an introduction by Edwin Jacobs and an article by Erik Bos.

Armando. Malerei (on the occasion of the awarding of the Jörg Ratgeb Preis der HAP Grieshaber Stiftung Reutlingen). Exhibition catalogue, Städtisches Kunstmuseum Spendhaus Reutlingen, Städtische Galerie in der Stiftung, 12.5-21.7.1996, with an article by Lucius Grisebach.

Armando. Exhibition catalogue, Bayerische Zugspitzbahn AG in cooperation with the Kunsthalle Nürnberg (Kunst auf der Zugspitze), 8.12.1996-6.4.1997, with an introduction by Lucius Grisebach.

Armando. Exhibition catalogue, Galerie Willy Schoots, Eindhoven, 23.11.1997-10.1.1997 and Art Cologne, Cologne, 9-16.11.1997, with an article by Ulco Mes.

Miriam Windhausen (ed.), *Armando. De Verzameling.* Catalogue on the occasion of the opening of the Armando Museum in Amersfoort, 6.12.1998. with texts by Armando and an article by Miriam Windhausen (with compact disc 'Armando leest en speelt').

Armando zu Gast in der Gemäldegalerie Neue Meister. Exhibition catalogue, Staatliche Kunstsammlungen Dresden, Gemäldegalerie Neue Meister, 30.4-11.7.1999.

Armando. Exhibition catalogue, Hirschwirtscheuer, Künzelsau, 2.6-10.9.2000.

Armando. 'De tand des tijds'. Over Armando's bronzen 1988-1999 / Armando. 'Der Zahn der Zeit'. Über Armandos Bronzen 1988-1999. Exhibition catalogue, Bonnefantenmuseum Maastricht, 27.6-12.9.1999, with articles by Ernst van Alphen and Anatol Gotfryd.

Armando. Het schuldige landschap. Exhibition catalogue, Galerie Shigeru Yokota, Tokyo, 1.10-26.10.2001, with texts by Armando.

Armando als Zeichner. Exhibition catalogue, Kupferstichkabinett Berlin, 25.8-2.12.2001, Westfälisches Landesmuseum für Kunst- und Kulturgeschichte Münster, 13.1-7.4.2002 and Armando Museum Amersfoort, 30.4-15.9.2002, with an introduction by Alexander Dückers and texts by Armando and articles by Anita Beloubek-Hammer and Alexander Dückers.

Armando. 'Damals'. 23 Gemälde und 3 Skulpturen. Exhibition catalogue, Galerie Michael Schultz, Berlin, 25.8-26.9.2001, with an article by Angela Schneider.

Lucius Grisebach (ed.), *Armando.* Exhibition catalogue, Neues Museum Nürnberg, 20.9-17.11.2002. Nuremberg, Verlag für moderne Kunst, 2002, with an introduction by Lucius Grisebach and articles by Armando, Libuše Brožková-Doležalová, Cherry Duyns, Trudie Favié, Rudi Fuchs, Franck Gribling, Lucius Grisebach, Wam de Moor, Martijn Sanders and Rolf Wolfswinkel.

Terugkeer van de kleur. Nieuwe werken van Armando. Exhibition catalogue Galerie Willy Schoots 19.1-27.3.2003 and Armando Museum 6.4-14.9.2003, with an introduction by Yvonne Ploum and a text by Rick Vercauteren.

Gezien door de ogen van Armando, Schilderijen en sculpturen 2003-2005. Exhibition catalogue Galerie Willy Schoots, 29.5-21.8.2005, with an introduction by Roland Janssen and texts by Marike van der Knaap, Rento Brattinga, Yvonne Ploum and Christiane Büling-Schultz.

Armando. Neue Horizonte. Malerei, Plastik, Steindruck. Exhibition catalogue Museum Schloss Moyland, 4.9.2005-27.2.2006, with an introduction by Barbara Strieder and Ron Manheim and texts by Armando and Thomas Deecke.

Armando, Tekeningen uit de periode 1954-2001. Exhibition catalogue Galerie Wansink, 20.11.2005-14.1.2006, with texts by Armando.

COLOFON COLOPHON

Het Cobra Museum voor Moderne Kunst bedankt expresses her gratitude to
Tony de Meijere
Marlene Müller-Haas
Jaap van der Meer
Yvonne Ploum

Deze uitgave verschijnt naar aanleiding van de tentoonstelling *Armando, 1952-2005* in het Cobra Museum voor Moderne Kunst Amstelveen.

This catalogue accompanies the exhibition *Armando, 1952-2005* in the Cobra Museum of Modern Art Amstelveen,
The Netherlands.

18.03-05.06 2006

Uitgave Publication
Waanders Uitgevers, Zwolle
Informatie over Waanders Uitgevers is te vinden op www.waanders.nl

Auteurs Authors
John Vrieze
Jan Hein Sassen

Redactie Editors
Lieke Fijen
Katja Weitering

Fotografie Photo credits
Henni van Beek (fotografie) / Tom Noz (ass.)
Centraal Museum, Utrecht
Ferry Hoedeman
Fotostudio Suus Heersema
Hock Khoe
Koninklijke Bibliotheek, Den Haag
Studio Tom Haartsen, Ouderkerk a/d Amstel
Rob Versluys (portret portrait**)**

Vertalingen Translations
Lynn George
UvA Vertalers, Amsterdam

Ontwerp Design
Bureau Mart. Warmerdam, Haarlem

Druk Printing
Waanders Drukkers, Zwolle

Bruikleengevers Lenders

ABN AMRO Collectie
Armando
Armando Museum, Amersfoort
BATartventure Collectie
Centraal Museum, Utrecht
Cobra Museum voor Moderne Kunst Amstelveen
Collectie Van Eekeren
Galerie Helga Hofman, Alphen a/d Rijn
Galerie Nouvelles Images, Den Haag
Galerie Willy Schoots, Eindhoven
Galerie Rob de Vries, Haarlem
Mevrouw C.A.M. Holt
Franck Gribling
An en Joop Groen
De heer J.A. Grond en de heer H. Nissen
Koninklijke Bibliotheek, Den Haag
De heer en mevrouw Krajenbrink
De heer en mevrouw Kratsborn
Phanos Vastgoed BV
De heer en mevrouw Sanders
Stedelijk Museum, Amsterdam
Museum van Bommel van Dam, Venlo
Diverse particuliere collecties

Afbeelding achterzijde omslag Illustration back cover
70 **Landschaft 13-10-05** 2005 [Landscape]